HENGHETANG
CANGPINCUIXUAN

恒和堂藏品粹选

崔建国·主编

中原出版传媒集团
大地传媒

中州古籍出版社

编委会（排名不分先后）

顾　问：张万庆　葛纪谦　张训彩
主　编：崔建国
副主编：王荣起　张重刚　景大军
　　　　孔祥敬　崔媛媛　张剑锋
　　　　付建州　王金平　蒋继明
　　　　马　凯　徐志伟　韩宜平
编　委：葛　燕　赵弘伟　王少华
　　　　王安乐　袁银龙　尚天宝
　　　　白润岱　张国梁　王　鹏
　　　　徐　斌　卢军志　杨志谋
　　　　方　铁　朱铁勇　朱运河
　　　　曾　华　王　勇　张杰华
　　　　陈立城　师海涛　崔喜达
　　　　方立峰　岳国华　张言华
　　　　史立新　甘鸣鹏　赵洪侠
　　　　郝　银　王　芳　呼小伟

凡 例

《恒和堂藏品粹选》一书是一介绍恒和堂藏品的窗口，本书从恒和堂七万余件藏品中拈取近900余件，分别有瓷器、紫砂壶、佛造像、玉器、青铜器、古刀剑、古钱币、古琴、壁画九个门类，按类成书，呈现给读者。

一、本书介绍各类器物图片，年代自新石器起至现代，按年代的先后排序。

二、本书中所有图片，均为恒和堂藏品实拍，由著名摄影师陈继伟先生拍摄。

三、本书图片上所标识器物的尺寸，均为高（长）×宽以厘米计量，以示器物的大小。

四、本书古钱币一节，圆钱的直径大小，按照古钱币的传统称谓区分，即小平钱、折二钱、折三钱、折五钱、折十钱来表示钱币的大小。

代序 与古玩的对话

古代遗存珍贵物品的通称，叫古董，乾隆时，统一称"古玩"，沿用至今。

在书房里坐拥万千古玩，逐一浏览、品赏、遐想、把玩，神思千古，意接星汉，让驰骋的思绪缠绕在青铜器、古陶瓷、古玉、古钱币、佛造像、古琴、古籍善本、古刀剑、古壁画上，是我最惬意的时间，古趣、雅趣、奇趣、乐趣妙不可言，也是我与古玩的对话时间。

遥想商周青铜器，那奇伟、神秘、大器、瑰丽扑面而来，仿佛看到一个个规整的方队，伴随着斧钺剑戟的铿锵之声，吟诵着那个时代的文明。

追思战汉玉器，选材的精良、刀法的凌厉、做工的精致、造型的夸张、繁多的种类……一个"微丝毛雕"的工艺，竖起了中国古玉史的里程碑。

仰慕北齐的佛像，她的沉静、恬淡、笑意和兼济苍生的包容，以及线条的柔美，穿透时空的笑意，向我们展示了立意的高远和造型的细腻清新，说不出的深邃内涵，让人顿生"北齐之后无佛像"之叹。

"天衣飞扬，满壁风动"的唐代壁画，则把中国佛像绘画推向高峰。吴道子的壁画"笔不周而意足，貌有缺而神全。"壁画中神人的凝眸窃语，高贵和矜持，慈悲与大爱无不表现的淋漓尽致。那善于轻重顿挫似有节奏的"兰叶描"，笔势圆转，衣服飘举，盈盈若舞，形成"吴带当风"高超的艺术品位和风格。

回望两宋，中国瓷器披一肩岁月风尘走来，那造型、釉色中透露出的安闲、淡雅、无为与不争，自然地与宋代成熟的哲学思想和飘逸的道教文化相适应，淡雅天成，名窑辈出，格调奇高，后无能及，续写了中国陶瓷的新篇章。

三十余年来，我与古玩相伴、相约、相敬，观宋瓷若仰大贤，伴古琴如闻仙乐。件件古玩雅器，无不诉说着她们的前世今生，无不诉说着她们的艰辛与沧桑，无不彰显着大国工匠的巧思与文脉。三生有幸伴古玩，春风拂面总是君！

收藏的价值在于发现，发现的慧眼得于知识，"文眼识古董"即是此理，我看古玩的鉴赏，从纵的深度和宽的广度来讲，应从"形、神、意、气、态"五个方面来把握，"形"即器物的造型、神态；"神"即器物的神韵，内在精神、艺术功力，即"形而上"的东西；"意"指意在笔先，要表达的意图和构思及在外观上的表现；"气"指器物的气韵、气质、气势、气场；"态"指器物现在的状态、品相和表达的技巧。古玩，是艺术品。艺术品本身是物质的，但作为艺术品更高层面上是表现"形而上"的东西，而非物质本身。这种"形而上"的东西有时似乎很难用语言来形容，更多的是一种感觉。比如青铜器，我们强调的绝不是青铜本身，而是一种象征，一种文化，一种寄托，一种追求，一种感觉。

诚如是，掌握了古玩鉴赏的以上几点，并能运用之妙存乎一心，纵称大师，亦不为过也！

恒和堂堂主 崔建国
二〇一七年元月二十九日

恒和堂藏品粹选

目录

第一部分 ·	古陶瓷器	/002
第二部分 ·	紫砂壶	/084
第三部分 ·	古佛造像	/098
第四部分 ·	玉　　器	/172
第五部分 ·	青 铜 器	/242
第六部分 ·	古 刀 剑	/316
第七部分 ·	古 钱 币	/334
第八部分 ·	古　　琴	/364
第九部分 ·	壁　　画	/396

HENGHETANG
CANG PIN CUI XUAN

Contents

恒和堂藏品粹選

第一部分·

古陶瓷器

恒和堂藏品粹选

HENGHETANG
CANG PIN CUI XUAN

ANCIENT POTTERY

史载中国有四大发明，实则中国有五大发明。中国瓷器无论年代与数量、品种、艺术品位，说其是第五大发明，并不为过。

我国的瓷器诞生于东汉公元 25—220 年（原始瓷可能更早），至宋代瓷器的发展日趋成熟，除举世闻名的"柴、汝、官、哥、定、窑"外，又涌现了青瓷和色彩粉呈的颜色釉、釉上、釉下彩绘。至明、清，又创造出粉彩、珐琅彩、斗彩、青花五彩……真是争奇斗艳、姹紫嫣红。

古瓷收藏不仅是一种投资，更是一门艺术。怎样在林林总总万紫千红中识别真货老瓷，是收藏的基本功。怎样在灯火阑珊处识得宝贝，应当是每位藏家的拿手戏。我看瓷器收藏，除要注意一看造型、二看胎釉、三看纹饰、四看款识、五看烧造工艺外，更重要的，还要从更宽的层次上审视，从形而上的高度凝聚，即从"形、神、意、气、态"五方面下功夫，从构成作品综合素质的方方面面，高屋建瓴地去品味作品，识高下，辨真伪。观察器物要溯源流、辨体式、论工艺、举字号、明家数，这才是艺术品赏鉴的上乘功夫。

不仅瓷器辨识上要从"形、神、意、气、态"上全面把握，实际上推而广之，以作者的体会和实践，不仅仅是瓷器，凡是文物艺术品鉴赏和收藏，都要从这些方面着手，把对文物艺术品的收藏辨识，推向一个更高的层次和更深意境。

本书从恒和堂 4000 多件古瓷中拈取了约 240 余件，年代跨度自南北朝至清末，基本上把中国瓷器的品种、釉色、器型一网打尽，其中明、清多有官窑，以供同道欣赏、研究。

六朝·青瓷莲花尊　55cm×27cm

六朝·越窑清瓷罐 20cm×17cm

唐·青花净瓶 24cm×18cm

唐·三彩马 36cm×44cm

恒和堂藏品粹选

古陶瓷器

唐·青花双耳葫芦瓶　26cm×19cm

宋·吉州窑执壶　29cm×26cm

宋·汝窑花插　15cm×7.5cm

宋·哥窑瓶

宋·官窑花插

宋·官窑贯耳瓶 21cm×11cm

宋·影青执壶 19cm×14cm

宋·影青三足炉 14cm×12cm

恒和堂藏品粹选

宋·官窑鱼耳炉　23cm×17cm

宋·哥窑笔筒　22cm×26cm

宋·哥窑笔海　26cm×24cm

宋·钧窑花盆　27cm×32cm

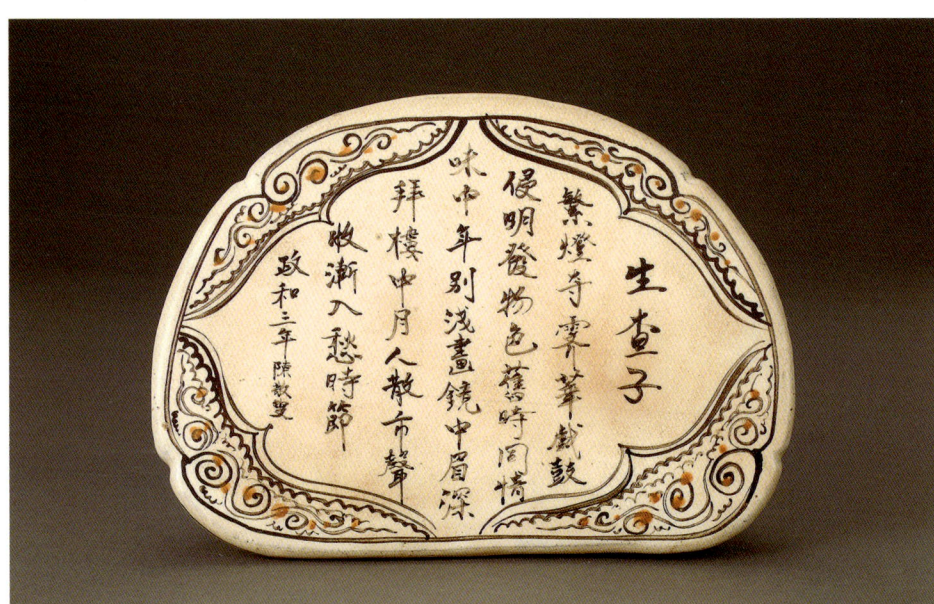

宋·磁州窑诗文枕
9cm×24cm

宋·定窑孩儿枕一对
14cm×37cm

宋·兔毫盏一对
8cm×12cm

宋·吉州窑斗笠碗
6cm×16cm

宋·建盏一对
7cm×12cm

宋·建盏 7cm×12cm

宋·建盏一对 7cm×12cm

宋·钧窑鼓钉洗 8cm×22cm

宋·汝窑板沿洗 7cm×21cm

宋·官窑菊花洗 6cm×17cm

宋·汝窑洗 6cm×18cm

宋·汝窑洗　5cm×19cm

宋·汝窑燕子洗　4cm×16cm

宋·汝窑洗　4cm×13cm

宋·吉州窑斗笠碗　8cm×18cm

宋·影青碗一对　8cm×18cm

宋·影青碗一对　9cm×18cm

宋·影青执壶 40cm×25cm

宋·青花卷草纹执壶 22cm×19cm

宋·磁州窑刻划鱼纹罐 29cm×31cm

宋·青花笔插　9cm×21cm

宋·磁州窑童戏荷花大罐　47cm×38cm

宋·磁州窑龙纹梅瓶　45cm×23cm

宋·磁州窑剔花梅瓶　46cm×28cm

宋·耀州窑印花梅瓶　42cm×19cm

辽·绿釉皮囊壶　32cm×26cm

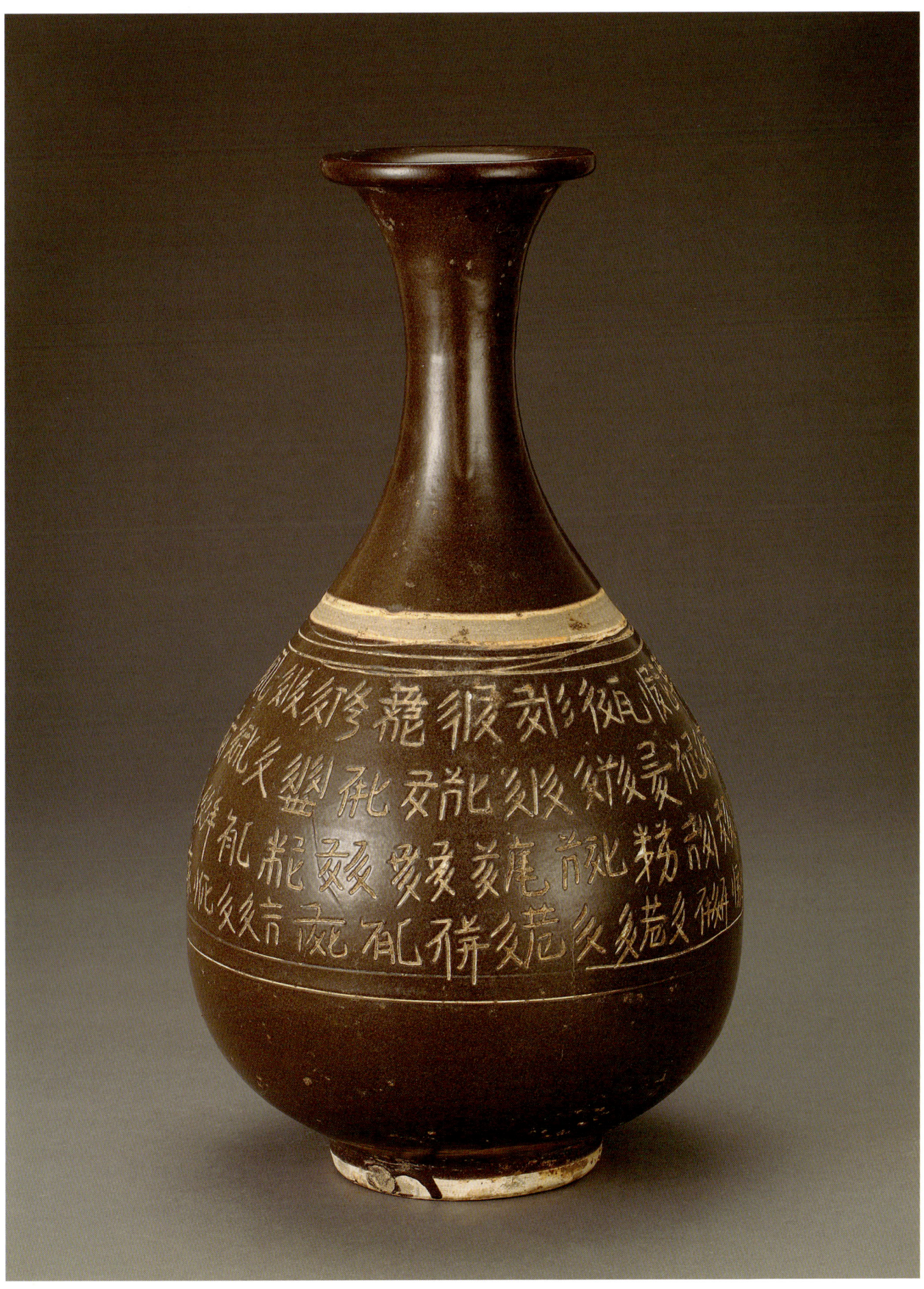

西夏·文字纹玉壶春瓶　38cm×29cm

西夏·文字纹扁壶　32cm×34cm

元·青花缠枝牡丹纹大罐　57cm×40cm

元·青花玉壶春人物瓶　　50cm×25cm

元·青花鸳鸯纹梅瓶　　40cm×25cm

元·青花缠枝纹梅瓶　　46cm×27cm

元·青花龙纹梅瓶　　47cm×27cm

元·青花釉里红八棱葫芦瓶　54cm×32cm

元·青花周亚夫屯军细柳营纹梅瓶 42cm×27cm

元·兰釉白龙纹梅瓶　44cm×28cm

元·青花鬼谷子下山纹大罐　32cm×37cm

元·白描青花罐　42cm×34cm

元·红釉龙纹罐　28cm×28cm

元·甜白釉碗　11cm×29cm

元·青花凤穿牡丹纹虎耳罐　26cm×22cm

元·青花凤穿牡丹纹罐　13cm×20cm

元·青花麒麟牡丹纹罐　17cm×20cm

元·青花竹松梅纹罐　17cm×21cm

元·青花凤穿牡丹纹罐　18cm×22cm

元·青花釉里红龙纹罐　27cm×17cm

元·青花月下追贤纹罐　13cm×15cm

元·青花龙纹缠枝罐　29cm×33cm

元·青花龙纹枕　15cm×34cm

元·青花供器一对　31cm×9cm

元·青花供器　24cm×12cm

元·青花缠枝牡丹纹带盖梅瓶　29cm×17cm

元·青花月下追贤纹梅瓶　28cm×18cm

元·釉里红缠枝莲纹梅瓶　24cm×20cm

元·酱釉梅纹瓶　25cm×13cm

元·兰釉龙纹罐 15cm×18cm

元·釉里红缠枝牡丹碗 8cm×20cm

元·龙泉窑龙纹荷叶盖罐 38cm×36cm

元·龙泉窑鱼纹荷叶盖罐　36cm×36cm

元·枢府釉玉壶春瓶　22cm×12cm　　　元·兰釉白龙纹梅瓶　44cm×24cm

元·青花凤穿牡丹梅瓶　23cm×18cm　　元·青花龙纹尊　19cm×13cm

元·釉里红大碗　9cm×27cm

元·釉里红莲纹围棋罐一对　11cm×14cm

明洪武·釉里红玉壶春瓶　36cm×22cm

明永乐·釉里红高足杯 9cm×9cm

明永乐·甜白釉盖罐 21cm×19cm

明永乐·青花缠枝莲纹执壶 34cm×28cm

明永乐·青花开光果枝纹执壶 28cm×11cm

明永乐·影青碗
10cm×21cm

明永乐·影青暗纹碗
19cm×17cm

永乐·前赤壁赋纹碗
7cm×15cm

明永乐·青花花口碗　9cm×17cm

明永乐·青花果枝纹扁壶　26cm×20cm

明永乐·青花松枝纹执壶　30cm×21cm

明永乐·青花缠枝大盘 　38cm×7cm

明宣德·青花带盖梅瓶 33cm×20cm

明宣德·青花玉壶春瓶 33cm×20cm

明宣德·青花松竹梅纹香炉 32cm×25cm

明宣德·青花缠枝纹梅瓶 37cm×21cm

明宣德·青花缠枝纹胆瓶　42cm×32cm

明宣德·青花保温碗　15cm×29cm

明宣德·青花矾红海马纹罐　20cm×26cm

明宣德·青花蟋蟀罐一对　4.5cm×7cm

明宣德·青花龙纹高足杯一对　9cm×10cm

明宣德·青花围棋罐一对　20cm×15cm

明宣德·青花缠枝纹盖罐　16cm×14cm

明宣德·青花喷巴壶　21cm×13cm

明宣德 · 龙纹斗彩罐　　13cm×13cm

明成化 · 斗彩小瓶　　18cm×12cm

明成化 · 百鹤纹罐　　27cm×17cm

明成化 · 斗彩罐　　20cm×14cm

明成化·孔雀兰小罐一对　15cm×15cm

明成化·釉里红鱼纹碗　11cm×20cm

明成化·黄釉白龙纹盘　5cm×21cm

明成化·绿釉龙纹盘　5cm×21cm

明成化·天字罐　13cm×14cm

明正德·青花凤纹渣斗　14cm×19cm

明正德 · 黄釉龙纹碗　9cm×15cm

明嘉靖 · 黄釉绿龙纹盖罐　18cm×18cm

明嘉靖 · 酱釉绿龙纹碗　8cm×18cm

明嘉靖·青花罐 72cm×66cm

明嘉靖·红釉龙纹罐　18cm×18cm

明万历·青花五彩罐　34cm×26cm

明万历·青花鱼藻纹葫芦瓶　31cm×18cm

明万历·五彩龙纹盖罐　14cm×13cm

明万历·斗彩百鹿纹罐　59cm×36cm

明万历·青花团龙纹小罐
14cm×14cm

明万历·兰釉笔洗
4cm×12cm

明万历·青花斗彩兽耳炉
13cm×22cm

明天启·青花山水围棋罐一对　13cm×13cm

清康熙·青花龙纹扁壶　26cm×18cm

清康熙·青花花鸟纹扁壶　27cm×18cm

清康熙 · 青花高足杯一对
9cm×6cm

清康熙 · 粉彩碗
11cm×21cm

恒和堂藏品粹选

清康熙·斗彩摇铃尊　21cm×12cm

清康熙·郎窑红柳叶瓶　19cm×7cm

清康熙·青花开光瓶　19cm×9cm

清康熙·青花开光瓶　17cm×9cm

清康熙·绿釉兽耳瓶　21cm×17cm

清康熙·珊瑚红黑彩瓶　15cm×13cm

清康熙·粉彩托碗一对　10cm×8cm

清康熙 · 珐琅釉彩人物小瓶　12cm×7cm

清康熙 · 墨彩天园地方瓶　51cm×26cm

清康熙 · 缸豆红樘罗洗　6cm×22cm

清雍正·墨彩山水纹碗一对
8cm×7cm

清雍正·黄釉绿龙纹小碗一对
5cm×8cm

清雍正·粉彩小碗一对
8cm×9cm

清雍正·珐琅彩碗
6cm×11cm

清雍正·青花小碗
17cm×12cm

清雍正·珐琅彩小碗一对
7cm×12cm

清雍正·兰釉龙纹小杯一对
7cm×7cm

清雍正·青花粉彩高足杯一对
10cm×6cm

清雍正·珐琅彩小碗一对
9cm×16cm

清雍正·玉壶春瓶　26cm×15cm

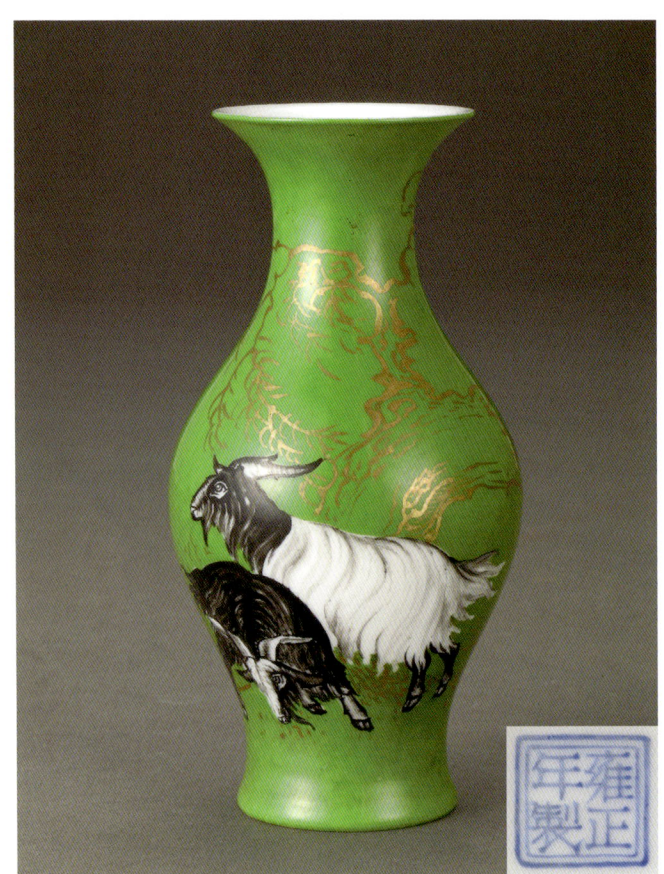

清雍正·珐琅彩小瓶　14cm×8cm

清雍正·粉彩方形水盂　8cm×8cm

清雍正·黄釉缠枝纹蒜头瓶　16cm×10cm

清雍正·斗彩贯耳瓶 19cm×14cm

清雍正·粉彩花瓶 45cm×23cm

清雍正·珐琅彩温酒壶 15cm×13cm

清雍正·粉彩八仙诗纹杯（一套八只）　　6cm×5cm

清雍正·粉彩笔洗　8cm×26cm

清雍正·青花葡萄纹碗　12cm×23cm

清雍正·郎窑红胆瓶　37cm×23cm

清雍正·酱釉梅纹莲子罐　22cm×18cm

清雍正·天青釉鹿头尊　36cm×30cm

清雍正·斗彩玉壶春瓶　30cm×17cm

清雍正·斗彩玉壶春瓶　54cm×28cm

清雍正·青花龙纹香筒　40cm×9cm

清雍正·斗彩笔筒　28cm×22cm

清雍正·斗彩盘　4cm×26cm

清乾隆·孔雀兰瓷雕笔筒　14cm×8cm

清乾隆·青花山水纹杯　7cm×8cm

清乾隆·青花盖碗　10cm×12cm

清乾隆·粉彩海棠洗 4cm×16cm

清乾隆·粉彩尊 16cm×14cm

清乾隆·木纹壶 12cm×16cm

清乾隆·青花香炉 18cm×21cm

清乾隆·粉彩皮球花蒜头瓶 24cm×19cm

清乾隆·天青釉蒜头瓶 32cm×21cm

清乾隆·粉青釉包袱瓶　36cm×36cm

清乾隆·孔雀兰釉香炉 20cm×20cm

清乾隆·青花三果纹尊 28cm×20cm

清乾隆·斗彩龙纹瓶 31cm×26cm

清乾隆·粉彩大花瓶 57cm×28cm

清乾隆·黄绿釉龙纹玉壶春瓶　29cm×19cm

清乾隆·釉里红葫芦瓶　30cm×17cm

清乾隆·红釉瓷雕笔洗　10cm×22cm

清乾隆·青花诗文山水纹方洗　　10cm×21cm

清乾隆·琵琶挂瓶　　32cm×14cm

清乾隆·松石绿釉龙纹瓶　　36cm×21cm

清乾隆·粉青釉瓷雕纹扁瓶　36cm×26cm

清乾隆·孔雀兰釉人物纹尊　38cm×26cm

清乾隆·青花粉彩人物纹碗　12cm×18cm

清乾隆・青花粉彩梅瓶　26cm×19cm

清乾隆・粉彩大花瓶　57cm×28cm

清嘉庆・珍珠底粉彩瓶　36cm×22cm

清嘉庆・珊瑚红罐　26cm×24cm

清道光 · 绿釉龙纹碗　10cm×16cm

清同治 · 墨彩人物文瓶　32cm×18cm

清同治 · 广彩人物纹盖瓶　46cm×28cm

清同治·大雅斋粉彩罐　37cm×40cm

清同治·汪野亭粉彩山水纹笔筒　32cm×32cm

清同治·王大凡青花人物纹杯　6cm×6cm

清光绪·八仙纹小碗一对　5cm×9cm

清光绪·釉里红团凤纹小碗 5cm×10cm

第二部分·
紫砂壶

恒和堂藏品粹选

HENGHETANG
CANG PIN CUI XUAN

PURPLE CLAY TEAPOT

"风雅紫砂数百年，而今读来意正轩，大师倍出堆锦绣，掌中泥巴天地宽。"这是恒和堂堂主崔建国先生咏紫砂的一首诗，道出了当今人们喜爱紫砂的风雅闲致。

紫砂壶是既有使用价值，又充满着文化韵味，中国独有的艺术品。从实用到艺术，每个人在面对紫砂壶时，因使用的不同，形象结构、文化内涵等审美差异，而表现出不尽相同的兴趣来。有人爱简练，有人喜复繁，有人求拙朴，有人尚精巧……，如同欣赏音乐、美术一样每人体会到的艺术享受不同。唯有紫砂壶，把实用性、艺术性、品赏性、完美结合到一起，给人们带来不同的美感、追求和意境，给人以艺术的熏陶与回味。在实用上，紫砂壶同其他材质的壶相比，明显有更优良的物理性能，"既不夺香，又无熟汤气"，茶味清道、醇厚原汁，使中国的茶有了全新的口味和意境，只有紫砂壶，才是中国茶的天然绝配。

本书选取了恒和堂众多紫砂藏品中的二十余件，均为近现代名作，供读者欣赏，辨伪和学习。

旭峰款制・石飘壶

顾景舟款・石飘壶

顾景舟款·一粒珠壶

顾景舟款·合欢壶

顾景舟款·亚明四方壶

顾景舟款·竹节方壶

顾景舟款·亚明方壶

陈明远款·松竹梅壶

陈明远款·扁腹壶

杨澎年款·石瓢壶

徐汉棠款·美人肩壶

孟臣款·汤婆壶

杨凤年款·松竹梅壶

徐小马款·亚明四方壶

徐汉棠款·秦权壶

蒋蓉款·荸荠壶

徐汉棠款·华颖壶

孟臣款·美人肩壶

海南黄花梨木壶

旭峰款·传炉壶　9cm×16cm

恒和堂藏品粹选

陈鸣远款·山石壶　10cm×16cm

合欢壶　9cm×14cm

唐羽壶　7cm×13cm

第三部分·古佛造像

恒和堂藏品粹选

HENGHETANG
CANG PIN CUI XUAN

BUDDHA STATUES

　　明清时代的佛像流传至现世已经很少，余下的佛像显得格外珍贵，其中明清永、宣宫廷造像、藏传佛像无疑成了佛像收藏中价值极高的两类。收藏佛像艺术品的着眼点，首先应该是"审美意趣及文化底蕴，这是艺术品的核心价值所在"，其次，"才是对细节工艺、品相等初级鉴赏层面的判读。第一点谓之'神'，第二点谓之'形'，形神兼备而以神为先，天下收藏，物虽异而理唯一也。"

　　由于历史、文化等诸多因素，很多精品佛像遗失海外。如今，佛像收藏在国内形成了独具特色的"海外回流"市场。国内古佛像市场价格的水涨船高，使"海外回流"的古佛像具有了相对的优势；由于流出时间、所在地域的不同，目前国内外的市场价格存在一定的差异。

　　"海外回流"本身就是国内佛像艺术品收藏渐趋热门和国内经济、文化事业飞速发展的一个有力佐证，也是收藏品交流、投资规律的一个客观体现。中国作为文物艺术品大国，其中相当一部分收藏家的购买力很高。目前而言明清佛像的国外市场价位与国内市场有很大的差别，国内明清造像价格高于国外，高古佛像远低于国外。海外回流将越来越明显，国内藏家也认为海外回流的佛像比较可靠。

　　对于鉴定古佛像的方法，笔者依据自己多年的收藏经验，应该注意从整体到局部的细致观察，结合工艺、年代、含义的客观认知，多看、多问、多思考、理性判断，切不可盲目乐观、缺乏主见。如有疑点，则应高度审慎。笔者见过一尊明代藏传释迦牟尼佛造像，佛是古佛，而细察之，其底座为后配，金水为新工。此类造假手段，若不仔细观察，其杀伤力颇高。

　　本书从恒和堂收藏的众多佛造像中，拈取北齐到明清佛像70余尊，意在揭示我国古代佛造像高深的艺术境界和神形兼备的臻化意境，于同道共赏。

北魏·石刻佛像　40cm×11cm

北魏·石佛龛 62cm×44cm

北魏·汉白玉佛像　41cm×11cm

北魏·汉白玉佛像　34cm×9cm

北魏·汉白玉佛像 34cm×9cm

北魏·汉白玉佛像　36cm×10cm

北魏·汉白玉佛像　36cm×9cm

北魏·汉白玉佛像　36cm×10cm

北魏·汉白玉佛像　36cm×10cm

北魏·汉白玉佛像　35cm×10cm

恒和堂藏品粹选

古佛造像

北魏·汉白玉佛像　36cm×9cm

北魏·汉白玉佛像　36cm×10cm

北魏·石佛首　34cm×29cm

北齐·鎏金佛像 43cm×23cm

北齐·汉白玉佛像 49cm×33cm

北齐·汉白玉佛首　13cm×9cm

北齐·汉白玉佛首　15cm×9cm

恒和堂藏品粹选

118

古佛造像

北齐·汉白玉佛首　14cm×9cm

北齐·汉白玉佛首　15cm×10cm

北齐·汉白玉佛首　15cm×10cm

北齐·汉白玉佛首　14cm×10cm

恒和堂藏品粹选

122

古佛造像

北齐·汉白玉佛首　14cm×10cm

北齐·汉白玉佛首　15cm×9cm

北齐·汉白玉佛首　10cm×9cm

北齐·汉白玉佛首　16cm×10cm

北齐·汉白玉佛首 15cm×10cm

唐·石佛首　34cm×16cm

唐·钧窑弥勒佛像 42cm×15cm

唐·一道釉佛像 77cm×38cm

唐·石佛首 45cm×20cm

宋·石佛首　14cm×10cm

宋·影青湖田窑观音像　55cm×27cm

宋·越窑佛像　40cm×22cm

宋·石佛首　14cm×10cm

辽·镂丝镶宝石和田玉佛像　30cm×14cm

辽·镂丝镶宝石和田玉佛像　32cm×12cm

元·鎏金佛像　32cm×25cm

明永乐 · 镏金佛像　54cm×34cm

明永乐·镏金佛像　66cm×40cm

明永乐·鎏金文殊菩萨像　55cm×46cm

明永乐·镏金普贤菩萨像　55cm×46cm

明永乐·鎏金佛像　43cm×31cm

明永乐·镏金佛像 30cm×22cm

明永乐 · 镏金菩萨　54cm×38cm

明永乐·镏金佛像 42cm×33cm

明宣德·珐琅镏金菩萨　63cm×40cm

明宣德·镏金佛像　66cm×40cm

明·错银观音像（石叟款）　24cm×11cm

明·鎏金财神像 34cm×22cm

明·佛像　24cm×16cm

明·供养佛像　18cm×12cm

明·德化窑观音像（何朝宗款） 19cm×10cm

明·德化窑观音像（何朝宗款）　　35cm×22cm

明·德化窑佛像（何朝宗款） 47cm×19cm

明·德化窑观音像（何朝宗款）　　47cm×19cm

明·德化窑观音像（何朝宗款）　　40cm×16cm

明·德化窑佛像（何朝宗款） 18cm×10cm

恒和堂藏品粹选

158

古佛造像

明·小叶紫檀观音像 42cm×10cm

明·檀香木泥金佛像　94cm×25cm

明·檀香木泥金佛像　94cm×25cm

明·香樟木财神像 30cm×26cm

清康熙·鎏金菩萨像   58cm × 28cm

清康熙·珐琅鎏金佛像（西方三圣一） 60cm×33cm

清康熙·珐琅镏金佛像（西方三圣二） 60cm×33cm

清康熙·珐琅镏佛像（金西方三圣三）　　60cm×33cm

恒和堂藏品粹选

古佛造像

清乾隆·鎏金菩萨像　57cm×28cm

清乾隆·鎏金佛像　42cm×33cm

清乾隆·鎏金佛像　27cm×15cm

清·小叶紫檀观音像　42cm×10cm

清·翡翠观音像　15cm×6cm

和田玉观音像　50cm×19cm

第四部分·玉器

恒和堂藏品粹选

HENGHETANG
CANG PIN CUI XUAN

JADEWARE

中国玉器至少已有近万年的历史，至今留存下来的当以数百万件计。据传，当今古玉收藏的人数已有数千万之众，但眼前的问题是，步入古玉器探索的大门后，如何对古玉器的全貌作更加全面系统的了解和研究？

重要的是要有正确的方法和途径，急待解决的是古玉的断代与辨伪。古玉鉴定，笔者体会是"只可意会，不可言状"在近万年的玉文化面前，任何表达都是肤浅的。即鉴定古玉时，通其神而难言其状，常常无法用语言来准确表达，只是一种感觉。古玉辨识应从"形、神、意、气、态"五个方面把握，靠判断和经验下决心。因为古玉器鉴定与辨伪，涉及历史学、考古学、地理学、材料学、风俗学、工艺学以及有关的古代美术史、工艺美术史、宗教信仰史、思想史、道德史等。

玉有五德、十一德之说，玉的德与中华民族的个性十分契合，玉文化集中反映了中华民族的文化、品德和追求。如玉的温不增华、内敛含蓄、温润敦厚……可以说，这许多特征正是我们中华民族的性格和美德，被人们欣赏赞美和追求。

本书自恒和堂4000多件藏品中拈取140余件，年代自红山文化至清末，囊括了玉器的各种器型，大的有一米之高，小的则以厘米记。供阅者欣赏。

新石器时代·玉罐 18cm×24cm

新石器时代·玉神兽 14cm×17cm

新石器时代·玉面具 19cm×14cm

新石器时代·三星堆玉面具 18cm×15cm

新石器时代·玉面具一对　15cm×11cm

新石器时代·玉面具　18cm×17cm

新石器时代·玉面具　18cm×17cm

新石器时代·镶绿松石日月星纹玉璧　直径 21cm

良渚文化·玉琮　63cm×13cm

红山文化·玉面具　17cm×14cm

西周·和田玉提梁壶　27cm×24cm

西周·玉罍　12cm×12cm

西周·和田玉玉觥　16cm×12cm

西周·鸡骨白穿带纹玉鼎　42cm×32cm

恒和堂藏品粹选

西周·出戟玉鼎一对 28cm×19cm

西周·和田玉玉龟 7cm×21cm

西周·玉鼎一对　22cm×11cm

恒和堂藏品粹选

西周·玉鼎一对　28cm×16cm

西周·玉爵杯　21cm×13cm

西周·玉匜　7cm×26cm

西周·和田玉玉灯　9cm×25cm

恒和堂藏品粹选

西周·玉四兽方尊 15cm×12cm

西周·和田玉爵 17cm×16cm

春秋·和田玉玉爵杯 34cm×17cm

春秋·和田玉大玉罐　36cm×26cm

春秋·和田玉鸡骨白玉鉴　26cm×37cm

春秋·和田玉四羊方尊　27cm×18cm

春秋·和田玉灯　35cm×16cm

春秋・和田玉罍　36cm×36cm

春秋·和田青玉玉罍　26cm×32cm

春秋·玉壶一组五个（由小到大） 15cm×16cm—22cm×21cm

春秋·和田玉玉觥一对　27cm×22cm

春秋·和田玉玉觥一对　27cm×22cm

春秋·和田玉玉豆一对　30cm×17cm

春秋·和田玉玉豆一对 30cm×17cm

春秋·玉象　8cm×15cm

春秋·玉象　10cm×16cm

春秋·犀尊　12cm×19cm

春秋·和田玉觥　20cm×15cm

春秋·玉樽　19cm×12cm

春秋·和田玉炉　19cm×18cm

春秋·和田墨玉面具　26cm×24cm

春秋·和田玉豆　34cm×21cm

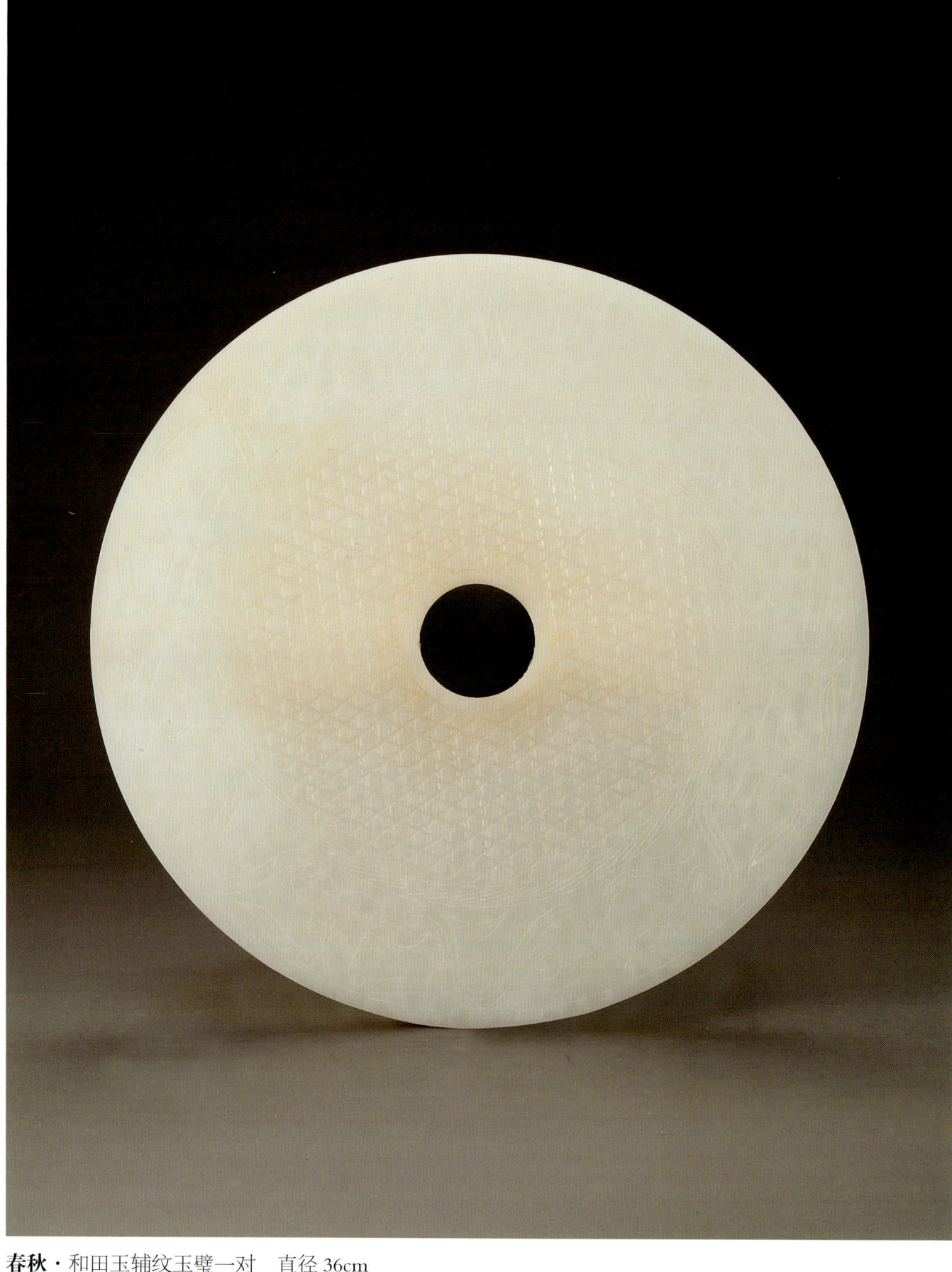

春秋·和田玉辅纹玉璧一对　直径 36cm

春秋・和田玉辅纹玉璧一对　直径 36cm

春秋・勾莲纹玉璧　直径 21cm

春秋·和田玉四系罐　19cm×18cm

西汉·和田玉镜　直径 22cm

西汉·和田玉卮　19cm×12cm

西汉·和田玉玉瓶　24cm×13cm

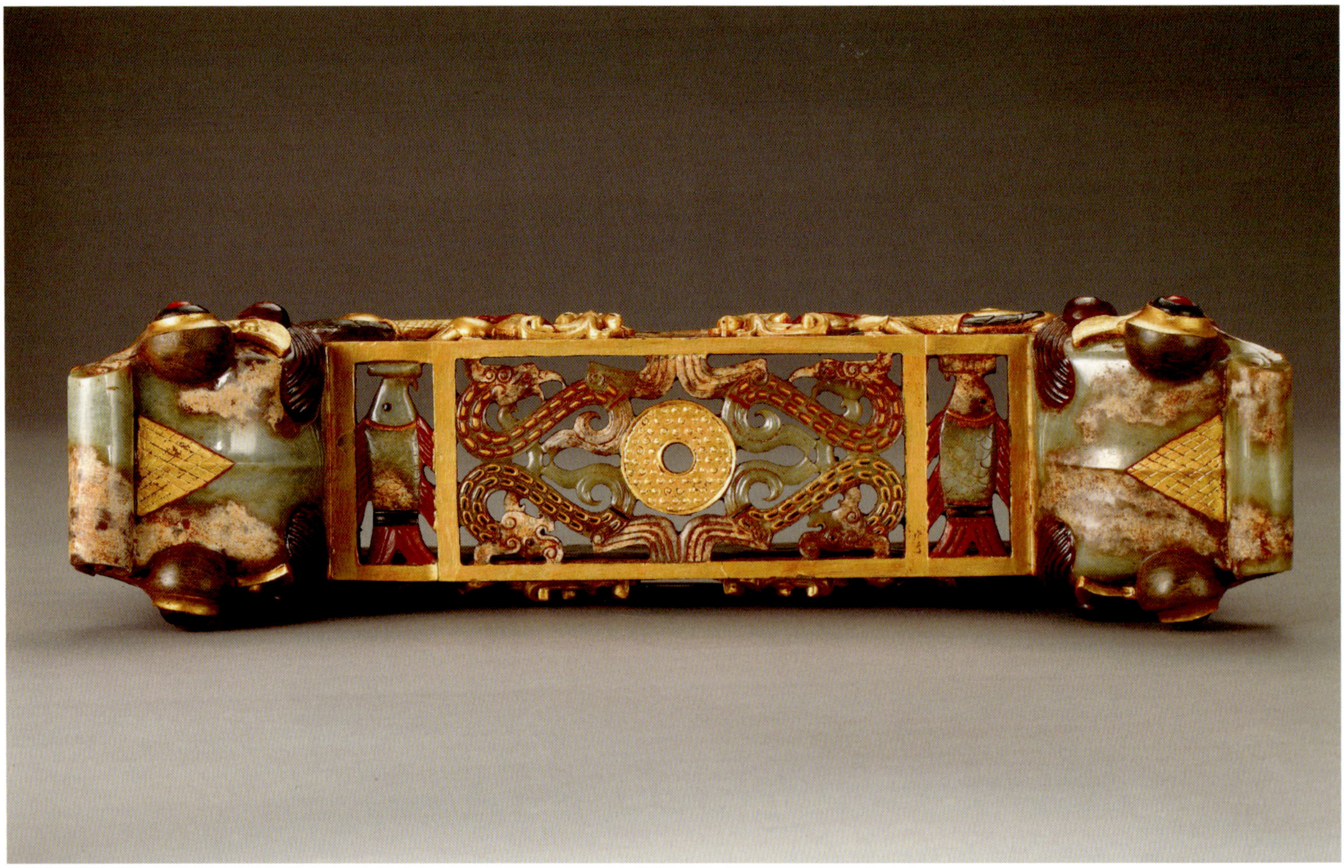

恒和堂藏品粹选

西汉·和田玉彩绘镂空玉枕一对　16cm×35cm

西汉·玉盒一对
8cm×7cm

西汉·玉神龟
14cm×18cm

西汉·和田玉瑞兽
20cm×41cm

西汉·玉玺一对　　10cm×7cm　　印文（有德者昌）

印文（有德者昌）

西汉·玉玺一对　　10cm×8cm　　印文（长宜子孙）

印文（长宜子孙）

西汉 · 玉枕一对　23cm×11cm

西汉 · 玉枕一对　23cm×11cm

西汉 · 和田玉马驮神人一对　16cm×23cm

西汉·玉摆件　15cm×14cm

西汉·和田青玉瑞兽　24cm×35cm

西汉·玉貔貅一对　37cm×56cm

西汉·和田玉五山玉镜　直径 31cm

西汉·和田玉龙凤摆件　15cm×9cm

西汉·和田玉文字纹罐　13cm×11cm

西汉·和田玉印　13cm×12cm

西汉·和田玉错金银镶宝石杯　23cm×12cm

西汉·和田玉错金银镶宝石瑞兽　　10cm×15cm

西汉·和田玉错金银镶宝石瑞兽　　8cm×11cm

西汉 · 和田青玉马踏飞隼一对　13cm×23cm

唐·胡人牵驼 18cm×29cm

唐·和田玉骆驼一对 16cm×27cm

唐·和田玉奔牛　14cm×21cm

唐·和田玉奔牛　14cm×21cm

唐 · 和田玉奔牛　21cm×16cm

唐 · 和田玉奔牛　22cm×15cm

唐·和田玉奔牛　22cm×14cm

唐·和田玉骆驼　19cm×24cm

恒和堂藏品粹选

唐·和田玉执莲侍女　26cm×10cm

唐·和田玉战马　17cm×16cm

唐·和田玉骆驼　19cm×24cm

唐·和田玉瑞兽 20cm×22cm

恒和堂藏品粹选

唐·镏金玉牒一对　9cm×10cm

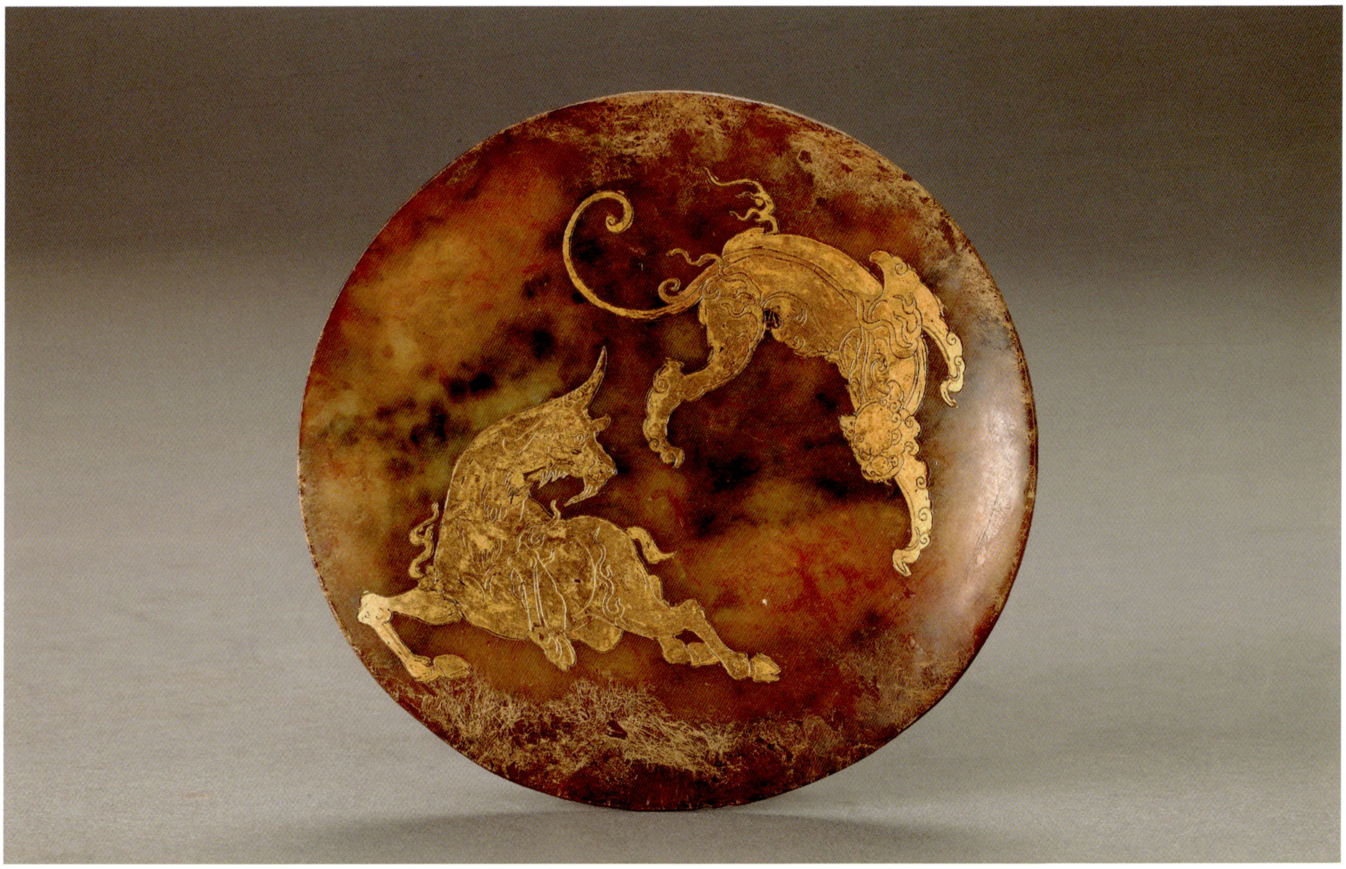

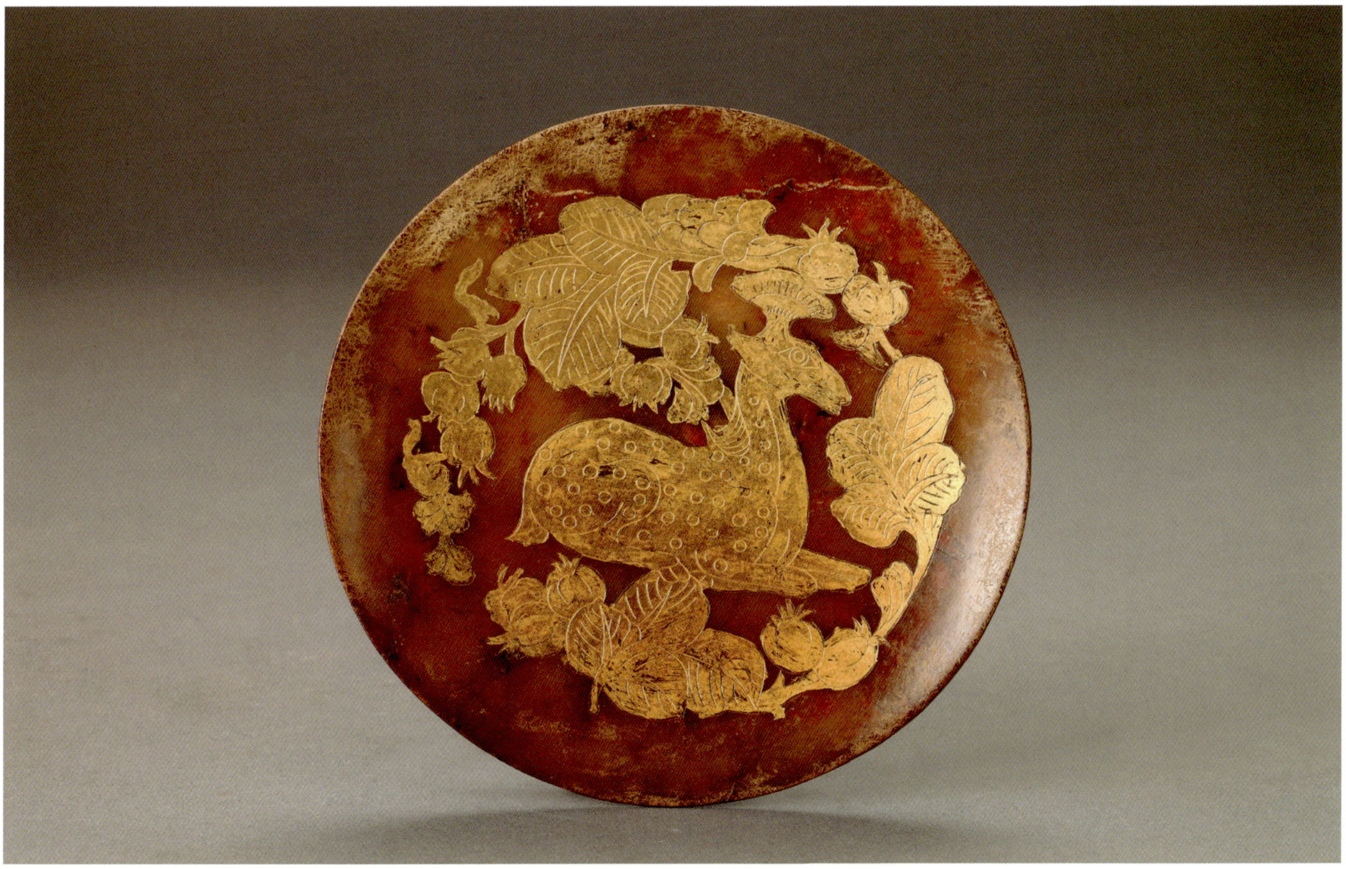

唐·鎏金玉璨一对　14cm × 13cm

唐·和田玉镏金飞天玉璨　14cm×16cm

唐·和田玉镏金玉璨　14cm×16cm

唐·和田玉镏金飞天玉璪　12cm×12cm

唐·和田镏金瑞兽玉璪　12cm×12cm

恒和堂藏品粹选

宋·和田玉舞女　18cm×12cm

宋·和田玉笔筒　18cm×14cm

宋·和田玉玉壶　9cm×13cm

宋·玉人推磨 16cm×17cm

明·和田玉玉冠　15cm×11cm

明·寿山石观音　21cm×9cm

明·鸡血石原矿　24cm×26cm

明·和田玉观音　18cm×11cm

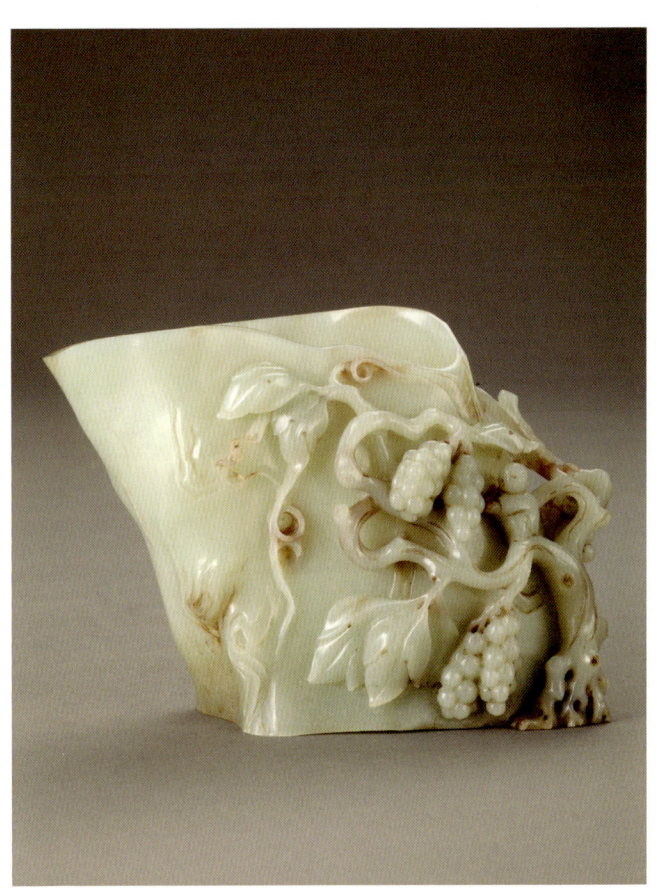

清·和田玉（仔料）笔筒　15cm×13cm

清·和田玉弥勒像　15cm×16cm

清·痕都斯坦玉瓶　14cm×10cm

恒和堂藏品粹选

清·和田玉笔洗 15cm×27cm

清·和田玉雕花生 12cm×22cm

清·和田玉碗
6cm×13cm

清乾隆·和田玉樘罗笔洗
6cm×12cm

清·和田玉摆件八骏图　43cm×37cm

清·和田羊脂玉山子　29cm×28cm

恒和堂藏品粹选

238

玉器

清·和田羊脂玉笔洗　18cm×27cm

清·鸡血石俏雕三龙戏珠　37cm×33cm

清乾隆·宫藏玉如意罐　17cm×27cm

清·和田羊脂籽玉抱月瓶 18cm×10cm

清·和田羊脂籽玉凤尾弧 16cm×10cm

清·和田羊脂籽玉玉炉 6cm×13cm

第五部分 · 青铜器

恒和堂藏品粹选

HENGHETANG
CANG PIN CUI XUAN

BRONZEWARE

青铜器是中国古代灿烂文明的载体之一，以品类繁多、造型瑰奇、纹饰繁丽、技术先进、神秘完美而闻名于世。是中国文化艺术宝库中一颗灿烂的明珠。历史上青铜的采矿、冶炼、铸造技术达到了很高的水平，是中国冶金史的鼎盛时期，在世界艺术史、冶金史上占有重要的地位。

"国之大事，在祀及戎"，对于中国先秦中原各国而言，最大的事情莫过于祭祀和对外战争。正是基于古代中国特殊的统治方式，作为代表当时最先进的金属冶炼、铸造技术的青铜器，也主要用于祭祀礼仪和战争上，形成了具有中国传统特色的青铜文化体系。青铜器是大门类的艺术品，不同时期的器物有着不同的风格纹饰。这些造型、纹饰里含有古人的丰富思想，是当时文化的一种反映。

本书拮取了恒和堂藏品青铜器中有代表性的作品70余件，以飨大家。自夏至清，几乎囊括了青铜器的主要造型和纹饰，是青铜器的典型代表作，在装饰手法上，有鎏金、鎏银、错金错银，有鎏金上彩绘，有鎏金银上镶宝石，均美轮美奂，巧夺天工，向我们展现夏、商、周、春秋时期高超的青铜冶炼、铸造技术，真是美不胜收，大饱眼福。

夏·鬲鼎　28cm×15cm

商·凤鸟壶　45cm×57cm

商·圆口方尊　24cm×22cm

商·青铜三足仙鸟　40cm×39cm

恒和堂藏品粹选

商·青铜方彝　38cm×40cm

商·青铜牛尊　34cm×48cm

商·青铜簠一对　15cm×32cm

商·青铜爵杯　29cm×20cm

商·青铜风首壶 30cm×33cm

商·青铜神兽 8cm×20cm

商·青铜提梁凤首壶　33cm×23cm

恒和堂藏品粹选

264

青铜器

西周·青铜方甗一对　32cm×26cm

西周 · 青铜方鼎一对　32cm×26cm

西周·青铜淳于 24cm×22cm

西周·青铜香薰　35cm×18cm

西周·青铜出戟鬲鼎　26cm×22cm

西周·出戟鼎　30cm×24cm

西周·方鼎一对　32cm×18cm

西周·方鼎一对　32cm×18cm

西周·出戟鼎　36cm×24cm

西周·提梁壶 51cm×26cm

西周·青铜鬲　40cm×25cm

西周·鬲鼎　27cm×24cm

恒和堂藏品粹选

西周·青铜香薰一对　16cm×18cm

西周·青铜香薰一对　9cm×14cm

西周·青铜戈 23cm×5cm

西周·分档鼎 20cm×22cm

春秋·青铜方鉴　67cm×76cm

春秋 · 鎏金银虎一对　30cm×62cm

春秋·错金银犀牛尊一对　37cm×62cm

春秋·镏金方壶　26cm×18cm

春秋·涡纹镏金青铜壶　30cm×32cm

恒和堂藏品粹选

青铜器

春秋・鎏金瑞兽一对　37cm×52cm

春秋·鎏金银仙人骑兽一对　33cm×40cm

春秋·错金银仙鸟一对　38cm×35cm

春秋·错金银仙鸟一对　38cm×35cm

春秋·错金银象灯一对　48cm×43cm

春秋·错金银象灯一对 48cm×43cm

春秋·鎏金银壶 26cm×27cm

春秋·青铜镏金彩绘圆壶　37cm×26cm

春秋·青铜鎏金彩绘圆鼎　21cm×24cm

春秋·青铜镏金彩绘圆壶　45cm×40cm

春秋·镏金银四马拉车　27cm×77cm

镶金银四马　27cm×26cm

马拉车车盖　38cm×70cm

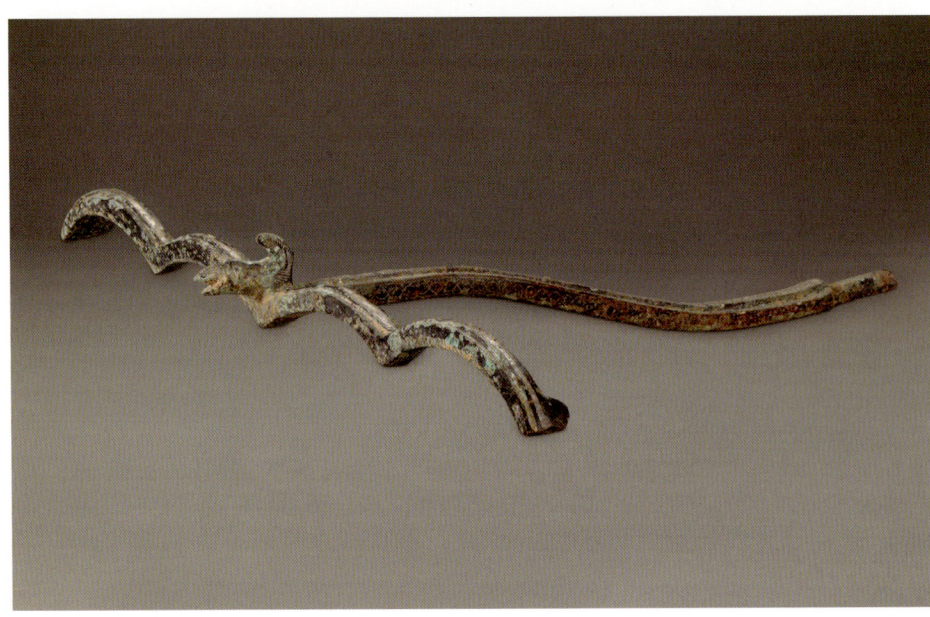

马拉车车辕　21cm×40cm

春秋・错金银犀牛尊　67cm×105cm

春秋·错金银盘龙砚一对　22cm×18cm

春秋·错金银盘龙砚一对　22cm×18cm

恒和堂藏品粹选

290

青铜器

春秋·错金银龟砚一对　20cm×26cm

春秋·错金银龟砚一对　20cm×26cm

春秋·鎏金提梁壶一对　37cm×15cm

春秋·鎏金提梁壶一对　37cm×15cm

春秋·鎏金象尊一对　40cm×55cm

春秋·鎏金方壶　30cm×35cm

春秋·馏金银嵌宝石方壶一对　45cm×24cm

春秋 · 馏金银嵌宝石方壶一对　45cm×24cm

恒和堂藏品粹选

春秋·错金银瑞兽一对　35cm×56cm

春秋·错金银瑞兽一对　30cm×76cm

春秋・错金银牛型灯一对　98cm×77cm

春秋·错金银牛型灯一对　98cm×77cm

春秋·青铜鎏金圆奁一对　37cm×15cm

春秋·青铜鎏金圆奁一对　37cm×15cm

春秋·海水葡萄纹青铜镜　直径 17cm

春秋·青铜镜　直径 21cm

春秋·青铜镜 直径 20cm

春秋·青铜镜 直径 20cm

春秋·圆奁（256字） 23cm×20cm

唐·四神兽纹铜镜 直径 38cm

唐·八卦纹铜镜 直径 39cm

唐·银贲巴壶　32cm×20cm

明·红铜鎏金错银笔筒　22cm×18cm

清乾隆·鎏金盒　8cm×24cm

鎏金盒盖顶部

清乾隆·掐丝珐琅尊一对 56cm×32cm

恒和堂藏品粹选

清乾隆·掐丝珐琅尊一对　56cm×32cm

第六部分·古刀剑

恒和堂藏品粹选

HENGHETANG
CANG PIN CUI XUAN

ANCIENT SWORD

　　青铜剑始于商代,至春秋战国进入高峰,一直延续到秦汉,铁剑出现后,青铜剑逐渐销声匿迹。青铜剑在商代时,剑身较短,春秋时加长到五六十厘米甚至更长。

　　本书从恒和堂收藏的200多把古刀剑中拈取30多把,以春秋时期为主,剑身长度有1.5米、2米、3米之巨,剑身光亮平滑,内部组织致密,刃部磨纹细腻,纹理来去无交错,在地下沉睡2700余年,依然光亮如新,锋利无比。剑的表面均有一层10微米的铬盐化合物,且均错金花纹装饰,每把剑身均有八到十个鸟虫篆文字,实为罕见。另有日本的元帅刀,明代的皇室宝剑,民国时的督府刀和内蒙王爷腰刀等名刀。

　　五千年来,刀剑的功能经历了工具—武器—工具这样一个轮回,刀剑的产生与发展,既有战争的需要刺激,也离不开科学技术促进,刀剑的形制及外装,除保护和战斗功能外,也反映了人们审美情趣和价值取向,刀剑武器的功能至当代消失后,它作为古代艺术品的价值愈加突出。

春秋·青铜错金剑及鞘　86cm×6cm

春秋·青铜错金剑及鞘　86cm×6cm

春秋·青铜错金剑及鞘　60cm×5cm

春秋·青铜错金剑及鞘　60cm×5cm

春秋·青铜错金剑及鞘　60cm×6cm

春秋·青铜错金剑及鞘　120cm×6cm

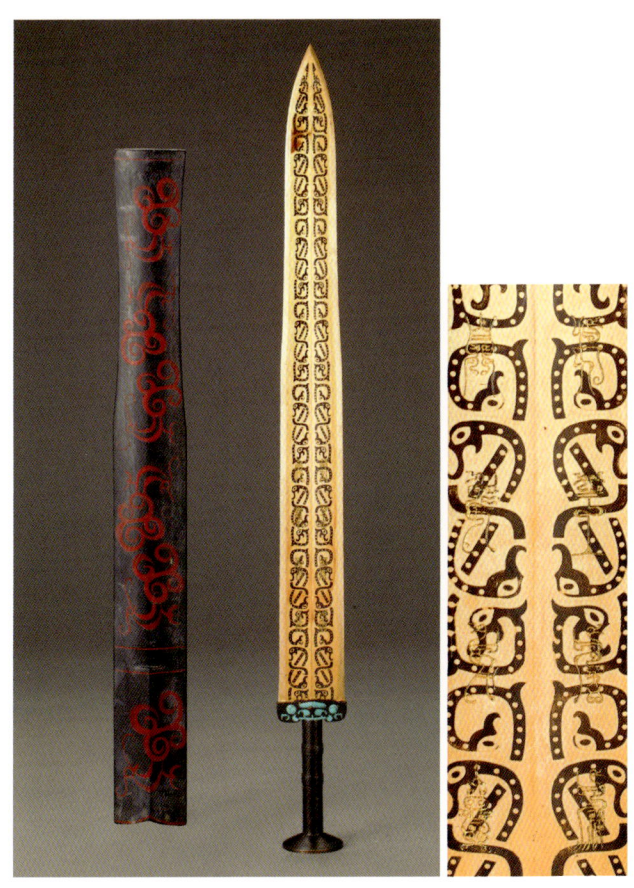

春秋·青铜错金剑及鞘　67cm×5cm

春秋·青铜错金剑及鞘　63cm×5cm

春秋·青铜错金剑及鞘　63cm×5cm

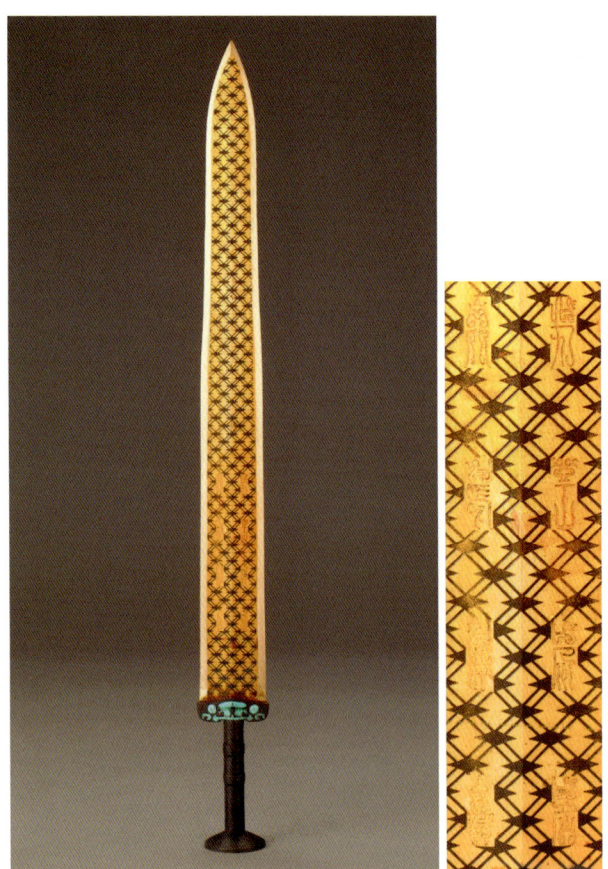

春秋·青铜错金剑及鞘　63cm×5cm

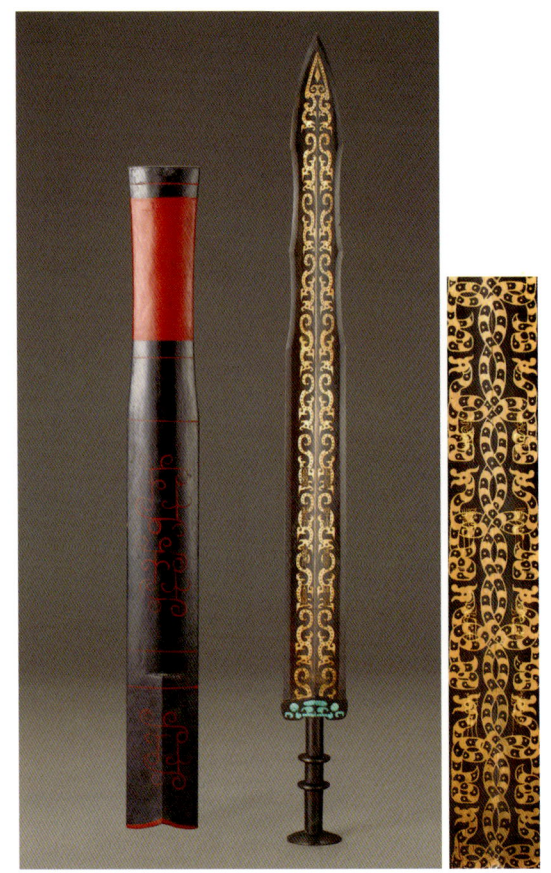

春秋·青铜错金剑及鞘　67cm×5cm

春秋·青铜错金剑及鞘　67cm×5cm

春秋·剑盒 70cm×9cm

春秋·青铜错金剑及鞘 67cm×5cm

春秋·青铜错金剑及鞘 67cm×5cm

春秋·青铜错金剑及鞘 86cm×6cm

恒和堂藏品粹选

春秋·青铜错金剑及鞘　86cm×6cm

春秋·青铜错金剑及鞘　86cm×6cm

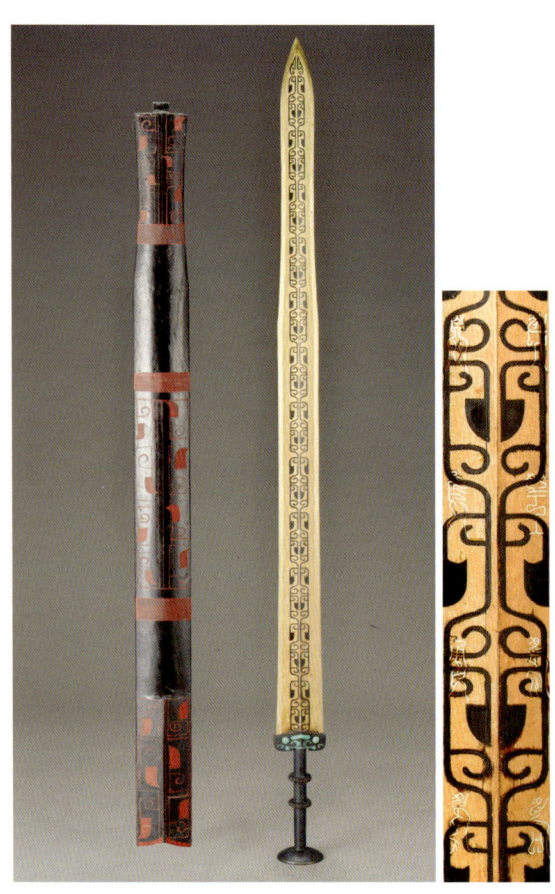

春秋·青铜错金剑及鞘　86cm×6cm

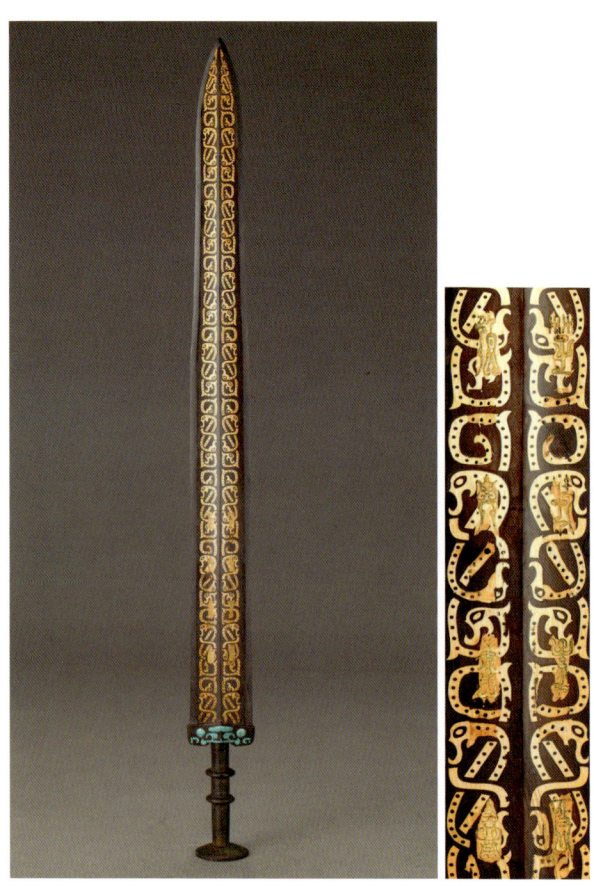

春秋·青铜错金剑及鞘　67cm×5cm

春秋·青铜错金剑及鞘　67cm×5cm

春秋·青铜错金剑及鞘　67cm×5cm

春秋·青铜错金剑及鞘　86cm×6cm

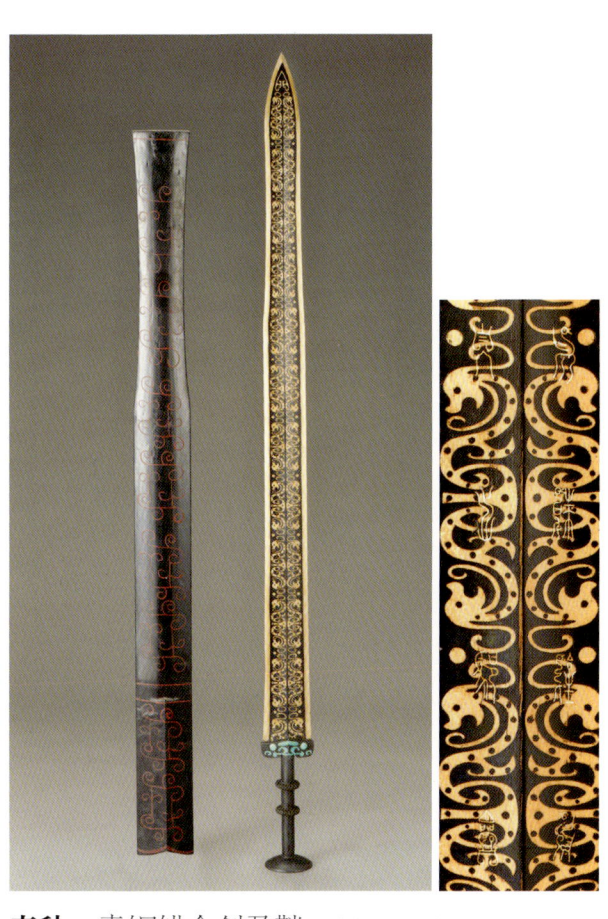

春秋·青铜错金剑及鞘　86cm×6cm

春秋·青铜错金剑及鞘　　86cm×6cm

春秋·青铜错金剑及鞘　　64cm×5cm

春秋·青铜错金剑及鞘　　63cm×5cm

春秋·青铜错金剑及鞘　　63cm×5cm

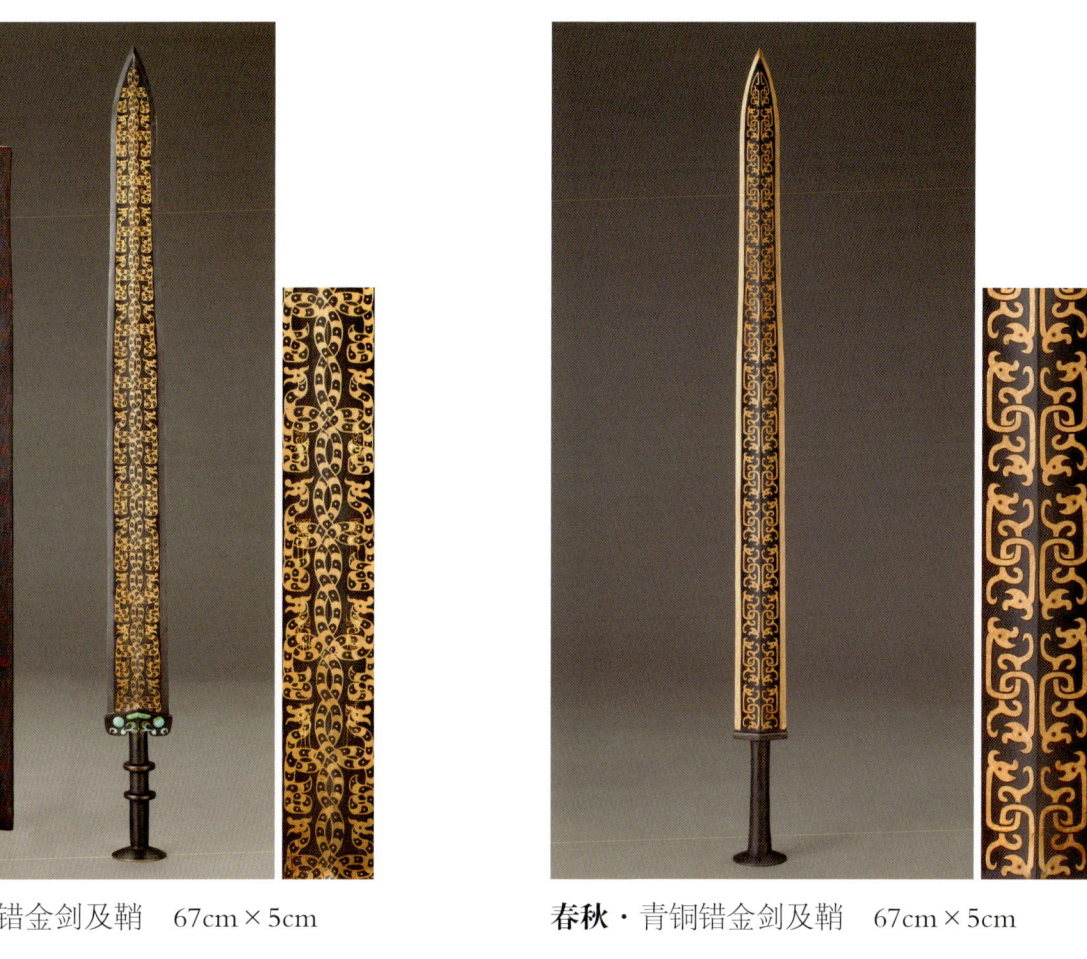

春秋·青铜错金剑及鞘　67cm×5cm

春秋·青铜错金剑及鞘　67cm×5cm

春秋·青铜错金剑及鞘　67cm×5cm

春秋·青铜错金剑及鞘　67cm×5cm

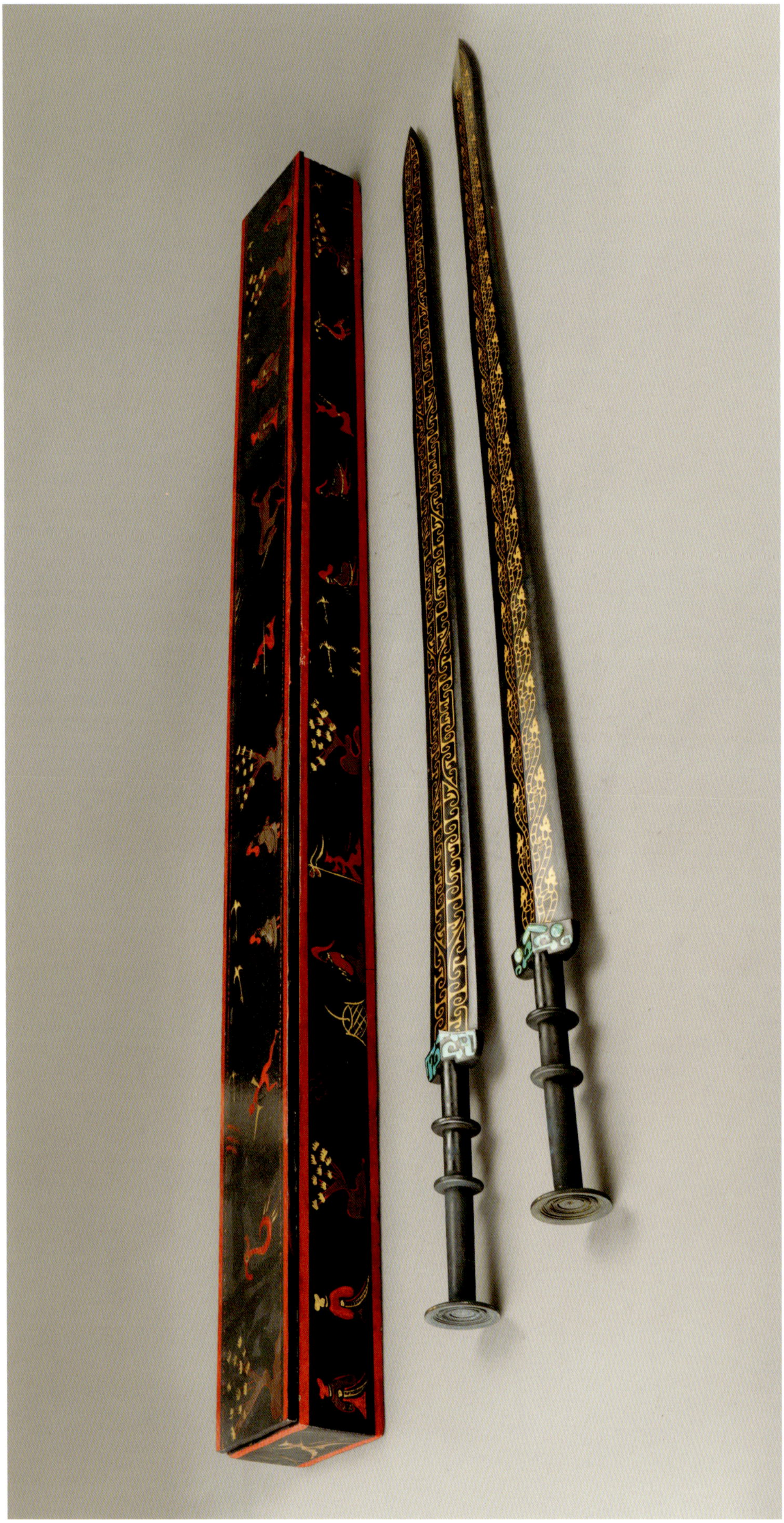

春秋 · 错金青铜剑及剑盒　200cm×6cm

明·皇室宝剑
100cm×5cm

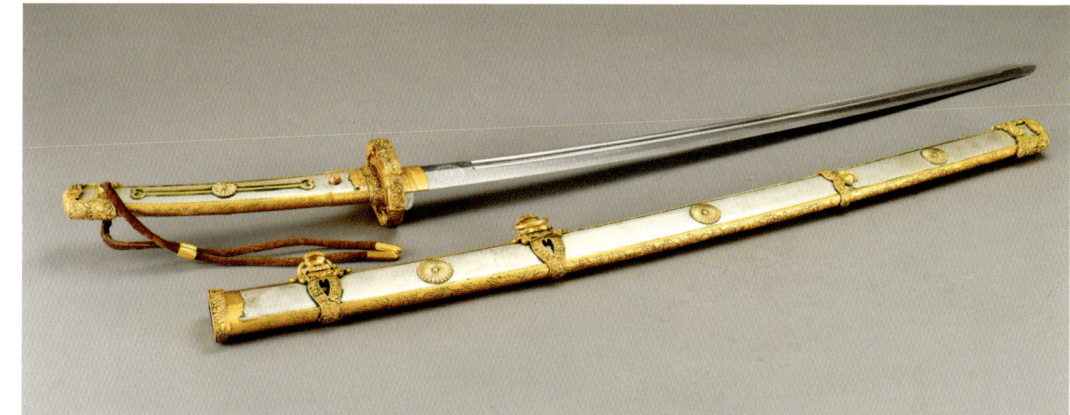

日本镏金元帅刀
106cm×8cm

日本 98 式军刀
98cm×4cm

民国·九狮督府刀
102cm×5cm

日本九八军刀
98cm×4cm

清·王爷金桃皮腰刀
96cm×6cm

清·鎏金鞘宝剑
90cm×5cm

清·王爷腰刀
93cm×5cm

日本鎏金元帅刀
106cm×5cm

日本 98 式军刀
98cm×4cm

清·内蒙王爷腰刀
93cm×5cm

清·内蒙王爷小腰刀
37cm×4cm

日本皇室刀
114cm×5cm

日本皇室刀及蛟皮鞘
115cm×4cm

日本皇室刀及螺钿刀鞘
120cm×5cm

日本皇室刀及蟒皮鞘
117cm×5cm

日本皇室刀及镏金鞘
120cm×5cm

日本腰刀及玳瑁鞘
88cm×4cm

日本腰刀及螺钿鞘
88cm×4cm

清康熙·三品侍卫腰刀
98cm×6cm

第七部分 ·
古钱币

恒和堂藏品粹选

HENGHETANG
CANG PIN CUI XUAN

ANCIENT COINS

我国五千年的文明史，钱币文化始终伴随着民族文明发展的全部进程。这种现象是世界上任何一个民族都无法相比的。

一国的货币史，就是该国的金融史，亦是该国的经济史。钱币是历史发展进程中不断变化的体温表，透过钱币的铸造和流通情况的演变，可以看出当时社会兴亡的各种状态，如经济、政治、军事、宗教等，都能通过当时所颁行流通钱币的变化体现出来。钱币具有极高的文物价值和史料价值。

中国的货币史，也是一部书法史。因为古钱上点线结构的汉字，通过书法的美学体现出来，给人以全新意义上的美的享受。据考，中国历史上有十多位皇帝和数十位大书法家，都曾以他们深厚的书法功力撰写钱文，使货币上的汉字更加具有美学意义，如北宋宋徽宗以瘦金体书写的"大观通宝"和北宋大书法家蔡京书写的"大宋通宝"，其美学和艺术品位，至今千年不朽，供我们欣赏，品味和观摩。

本书拈取恒和堂二万枚古币藏品中的近三百枚左右，年代跨越春秋到清末。几乎囊括了《古泉五十名珍》和《古泉一百名珍》，其中更有罕见的《大齐通宝》和辽金鎏金折十大钱，让我们耳目一新，眼前一亮……

春秋战国·节墨大刀

春秋战国·节墨大刀

春秋战国·齐返邦之大刀

春秋战国·齐返邦之大刀

春秋战国·齐返邦之大刀

春秋战国·莒之大刀

春秋战国·齐之大刀

战国·明刀

战国晚期·三孔布（下专）

战国晚期·三孔布（下专）

战国晚期·三孔布（矤）

战国晚期·三孔布（上专）

战国·垣

战国·安藏

战国·济阳

战国·封坪

战国·赒六化

战国·离石

战国·蔺

战国·半圆

战国·一铢重 一两十二

战国·一铢重 一两十四

战国·长垣一釿

战国·明四

先秦·东周

先秦·共屯赤金

先秦·两甾

先秦·文信

先秦·第十一

秦汉·米四

汉·一刀平五千

汉·中泉三十

汉·幼泉二十

汉·国宝金贵直万

汉·国宝金匮直万（镏金）

汉·国宝金匮直万（银质）

汉·国宝金匮

三国·世平百钱

三国吴·大泉五千

南北朝十六国·大夏真兴

南北朝·永光

南北朝·景和

南北朝·永通万国

南北朝·凉造新泉

南北朝·太清丰乐

南北朝·太平百钱

南北朝·五行大布

南北朝·货泉

南北朝·大泉当千

南北朝·直百五铢

南北朝·太清丰乐

隋·两铢

唐·开元通宝　折五

唐·乾元重宝　折五

唐·咸通玄宝　小平

唐·得壹元宝　折五

唐·顺天元宝　折五

唐·顺天元宝　折五

唐·永通万国　折三（银）

五代十国·开平通宝　折五

五代十国·开平元宝　折五　　五代十国·天成元宝　小平　　五代十国·天福元宝　小平

五代十国·永平元宝　小平　　五代十国·天德重宝　折三　　五代十国·天德通宝　折三

五代十国·天策府宝　折三　　五代十国·乾封泉宝　折三　　五代十国·乾封泉宝　折三

五代十国·乾封泉宝　折三　　五代十国·广政通宝　小平　　五代十国·大蜀通宝　小平

 五代十国·保大元宝　折三
 五代十国·永通泉货　折三
 五代十国·永通泉货　折三

 五代十国·永通万国　折三
 五代十国·永通泉货　折三
 五代十国·大齐通宝　小平

 五代十国·大齐通宝　折二
 五代十国·飞龙进宝　折五
 五代十国·永安一十　折二

 五代十国·永安一百　折二
 五代十国·永安五百　折三
 五代十国·永安一千　折三

五代十国·应圣元宝　折三	北宋·景德元宝　折三	北宋·祥符元宝　折五

北宋·祥符元宝　折二	北宋·皇宋通宝　小平	北宋·至和重宝　折三

北宋·元丰通宝　折三	北宋·元丰重宝　折三	北宋·建国通宝　小平

北宋·建国通宝　小平	北宋·圣宋元宝　折二	北宋·圣宋元宝　折二

北宋·圣宋通宝 折二

北宋·圣宋元宝 折二

北宋·圣宋元宝 折二

北宋·圣宋通宝 折二

北宋·圣宋元宝 折二

北宋·大观通宝 折三

北宋·政和重宝 折三

北宋·重和通宝 折三

北宋·重和重宝 折三

北宋·宣和元宝 折三

北宋·宣和通宝 折三

北宋·靖康通宝 折三

北宋·靖康元宝　折三

北宋·靖康元宝　折三

北宋·靖康元宝　折三

北宋·应运元宝　折二

北宋·应感元宝　小平

北宋·淳化元宝　折五（银）

北宋·政和通宝　折三（银）

南宋·建炎元宝　折二

南宋·淳熙元宝　折二

南宋·乾道元宝　折三

南宋·开禧通宝　折三

南宋·大宋通宝　折三

南宋·端平元宝 折五

南宋·端平元宝 折五

南宋·淳祐通宝 折三

南宋·庆元通宝 折三

南宋·乹德元宝 折三

南宋·乹统元宝 折三

南宋·赵宝重兴 折三

南宋·五男二女 折三

南宋·钱牌（正反面）

宋·大观通宝　折五银　　　宋·嘉泰通宝　折五镏金　　　宋·淳熙元宝　折三镏金

辽·天朝万顺　折三　　　辽·千帖巡宝　折五　　　辽·百贴大吉　折三

辽·百神呵护　折三　　　辽·通行泉货　小平　　　辽·天赞通宝　小平

辽·天赞通宝　小平　　　辽·天显通宝　小平　　　辽·天禄通宝　小平

辽·保宁通宝　小平

辽·应历通宝　小平

辽·天庆元宝　小平

辽·天禄通宝　小平

辽·景福元宝　折五

辽·统和元宝　折二

辽·大康通宝　折三

辽·大安元宝　折五

辽·大辽天庆　折五

辽·大康五年　折五

辽·大康二年　折五

辽·承安宝货　折三

辽·大安通宝　折五

辽·天眷通宝　折三

辽·皇统元宝　折三

辽·正隆元宝　小平

辽·天眷元宝　折三镏金

辽·康国通宝　折十镏金

辽·千贴之巡　折十镏金

辽·永通万国　折十镏金

辽·康国通宝　折十镏金

辽·大康三年　折十镏金

辽·大康七年　折十镏金

辽·折十镏金

辽·折十镏金

辽·神册万年　折十镏金

辽·天庆元宝　折十镏金

辽·建炎通宝　折三镏金

辽·大康通宝　折五

辽·大同元宝　折十镏金

辽·天会通宝　折十镏金

辽·天庆元宝　折十镏金

辽·大安元宝　折十镏金

辽·天威通宝　折十镏金

辽·天眷元宝　折十镏金

辽·天禧通宝　折十镏金

西夏·乾祐宝钱　小平

西夏·大安宝钱　折二

西夏·乾祐宝钱　折二

西夏·元德通宝　折三

西夏·大德通宝　折二

西夏·大德通宝　折二

西夏·天庆宝钱　折二

西夏·兴定元宝　折二

西夏·天庆宝钱　折三

金·大定通宝　折二

金·大定通宝　折三

金·泰和重宝　折三

金·泰和通宝 折三

金·泰和重宝 折三

金·泰和通宝 折三

金·泰和通宝 折三

金·泰和通宝 折三

金·贞祐通宝 折三

金·贞祐通宝 小平

金·贞祐通宝 折二

金·崇庆元宝 折三

金·阜昌重宝 折三

金·至宁元宝 折三

金·阜昌通宝 折三

金·阜昌元宝 折三

金·阜昌重宝 折三

金·阜昌元宝 折三

金·乾祐元宝 折三银

金·泰和重宝 折十银

金·寿昌元宝 折十镏金

金·天禄通宝 折十镏金

金·天赞通宝 折十镏金

元·大朝合金 折二

元·中统元宝 小平

元·中统元宝 小平

元·中统元宝 小平

元·至元通宝　折三

元·至元通宝　折三

元·大元国宝　折五

元·至元通宝　折三

元·大德通宝　折三

元·大义通宝　折三

元·利用通宝　折三

元·壹千文正　折三

元·至正通宝　折十

元·至正元宝　折十

元·天佑通宝　折三

元·天佑通宝　折三

元·天定通宝　折三

元·天启通宝　折二

元·裕国通宝　折三

元·泰和重宝　折五

元·泰和通宝　折三银

元·至正通宝　折三银

明·西王赏功　折五

明·天启通宝　折三

明·西王赏功　折三银

清·嘉庆通宝　折三银

清·祺祥通宝　折五银

清·祺祥通宝　折三银

清·乾隆通宝　折三银

清·光绪通宝　折三银

清·嘉庆通宝　折三银

清·顺治通宝　折三银

清·乾隆通宝　折三银

清·光绪通宝　折三银

清·雍正通宝　折三银

清·光绪通宝　折三银

清·同治通宝　折三银

清·道光通宝　折三银

清·康熙通宝　折三银

清·雍正元宝　折五

同治重宝　折三

祺祥重宝　折二

祺祥重宝　折二

光绪通宝　折三

永昌通宝　折三

咸丰重宝　折三银

福从天降　折三

崇宁通宝　折三

天下太平　折三

承安宝货　折五

乾隆通宝

泰和重宝　折五

第八部分 · 古琴

恒和堂藏品粹选

HENGHETANG
CANG PIN CUI XUAN

GUQIN

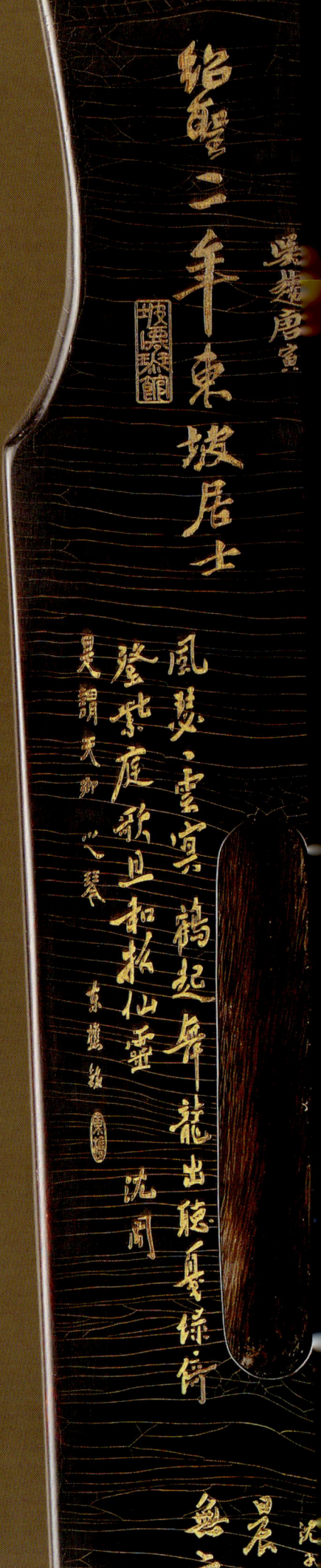

琴，即古琴，亦称"七弦琴"。

在中国古代，能否琴、棋、书、画及其所达到的水平，是衡量人们文化素养的重要标志。由此可见，琴在中国历史文化中享有相当重要的地位。

2003年，中国古琴艺术被联合国确定为"非物质文化遗产代表作"，引起巨大反响，这一古老艺术又为世人所关注。有着三千年历史的古琴，是中国历史上最悠久、最具民族精神、审美情趣和传统艺术特征的乐器，和中国的书画、诗歌、文章一起，成为中国传统文化的承载者。它有两个显著特点，一是和中国文人有着非常密切的联系，她的演奏成了一种高雅的身份象征。二是弹奏古琴总是同自娱自赏、个人修养及情感交流结合在一起。因此她成了一种贵族和文人的精英艺术。

本书收录了恒和堂藏品中的29张古琴，其中不乏唐、宋名琴，且均品相完好，皆可演奏、古朴大方、雅致深沉。从另一个方面反映了恒和堂堂主高雅的艺术情趣和审美能力。

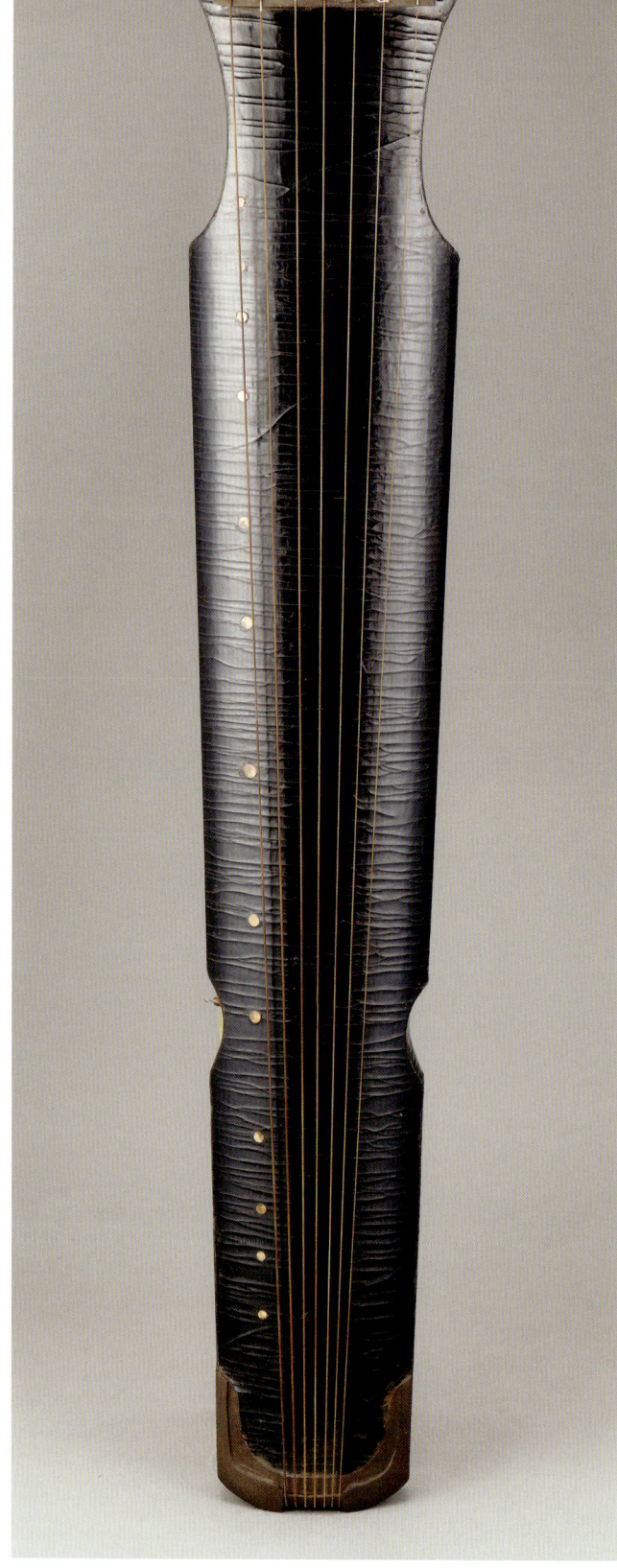

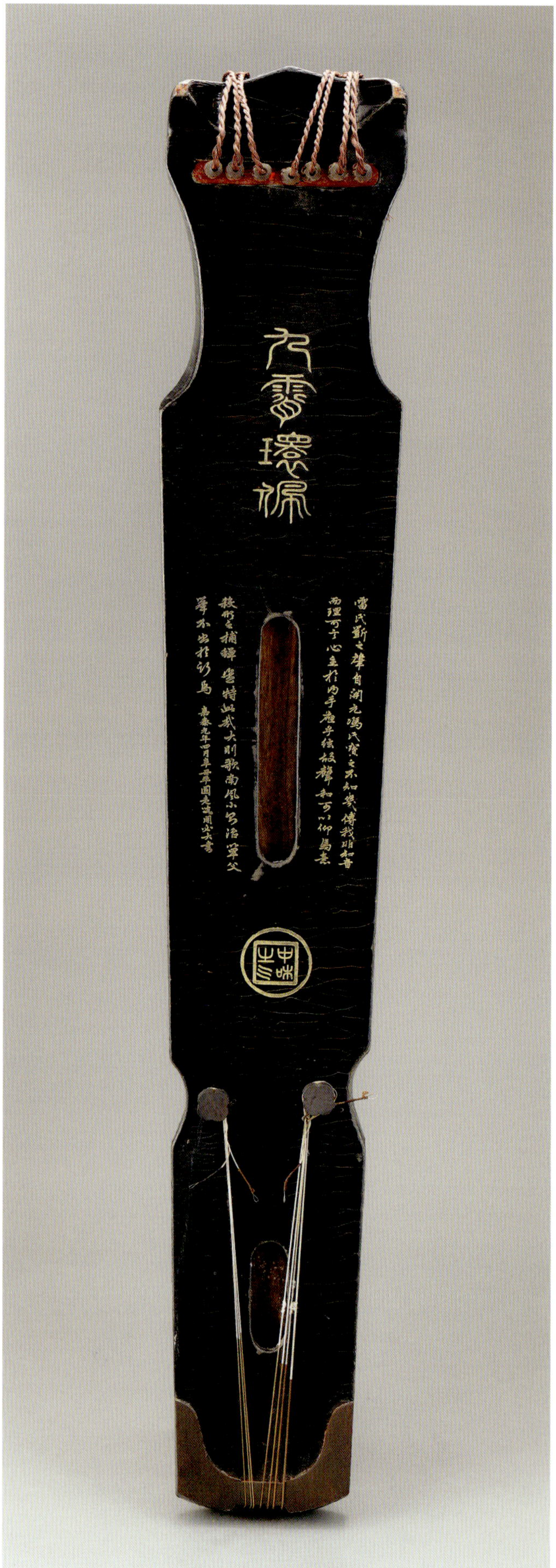

宋·九霄环佩琴　龙腮式　123cm×20cm

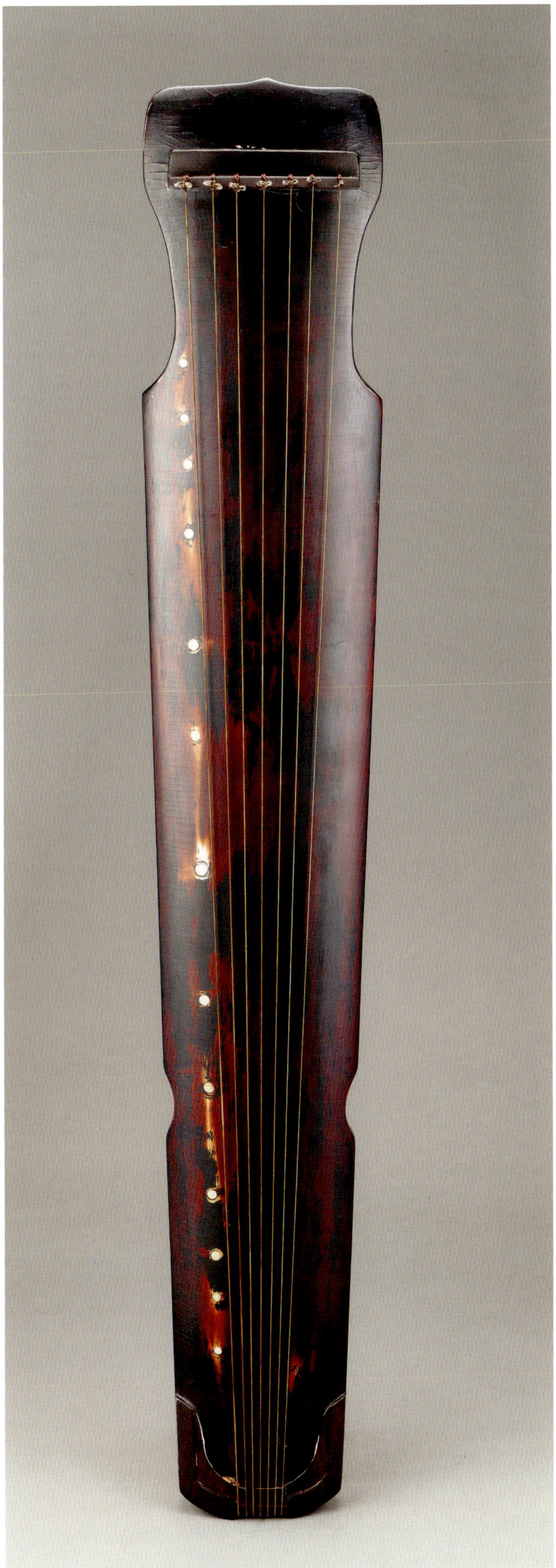

宋·云开琴　龙腮式　123cm×20cm

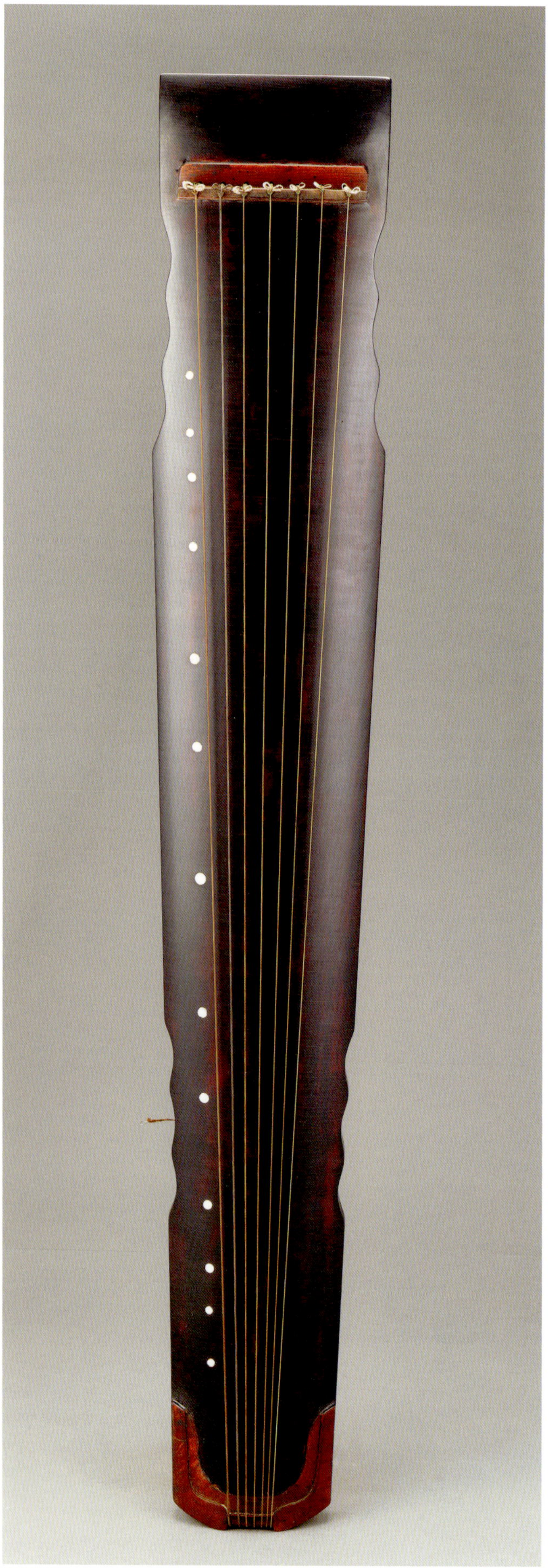

恒和堂藏品粹选

宋·鸣凤琴　123cm×20cm

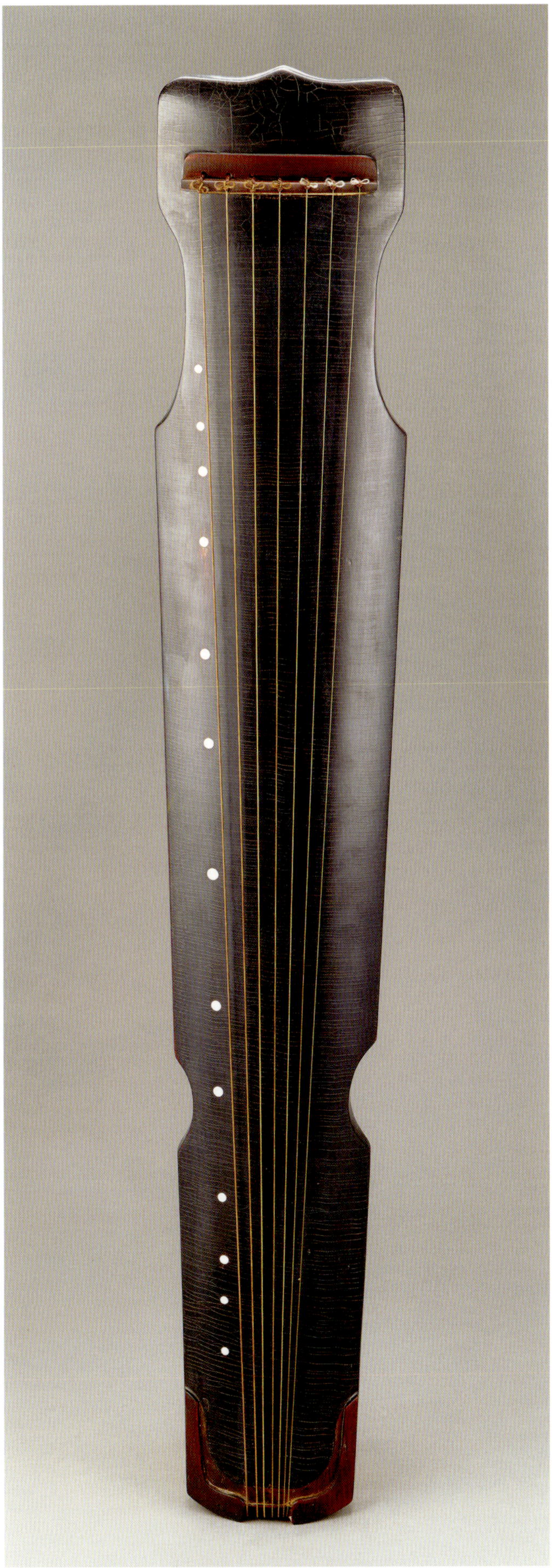

宋·精籁琴 龙腮式 123cm×20cm

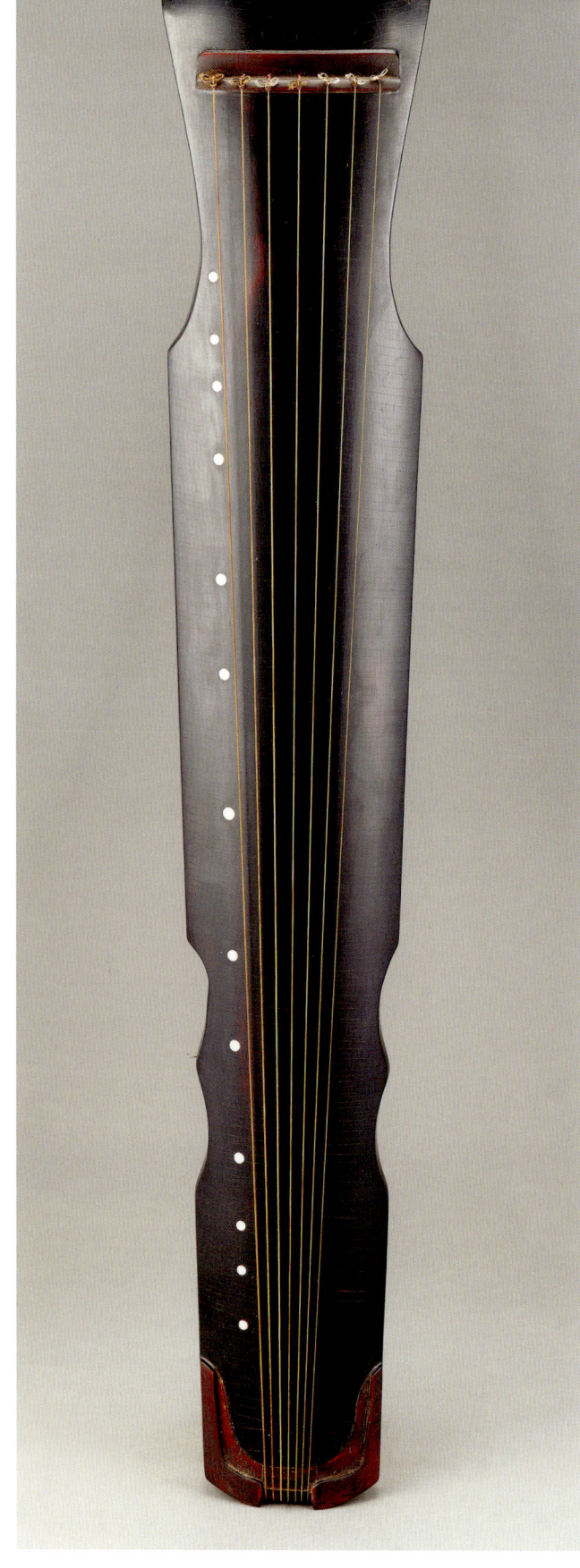

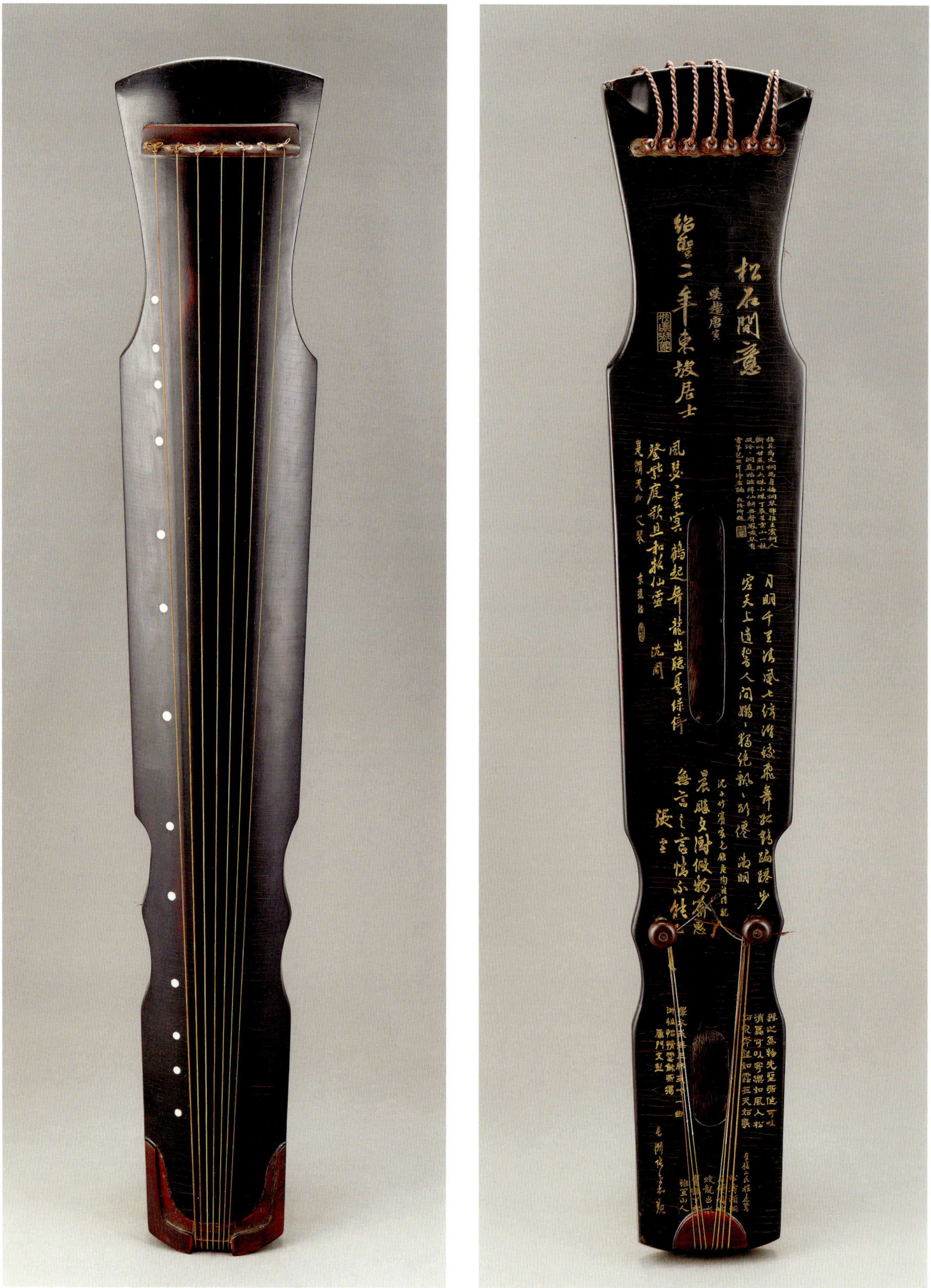

宋·松石间意琴　伏羲式　123cm×20cm

元·霄泉漱石琴 伏羲式 123cm×20cm

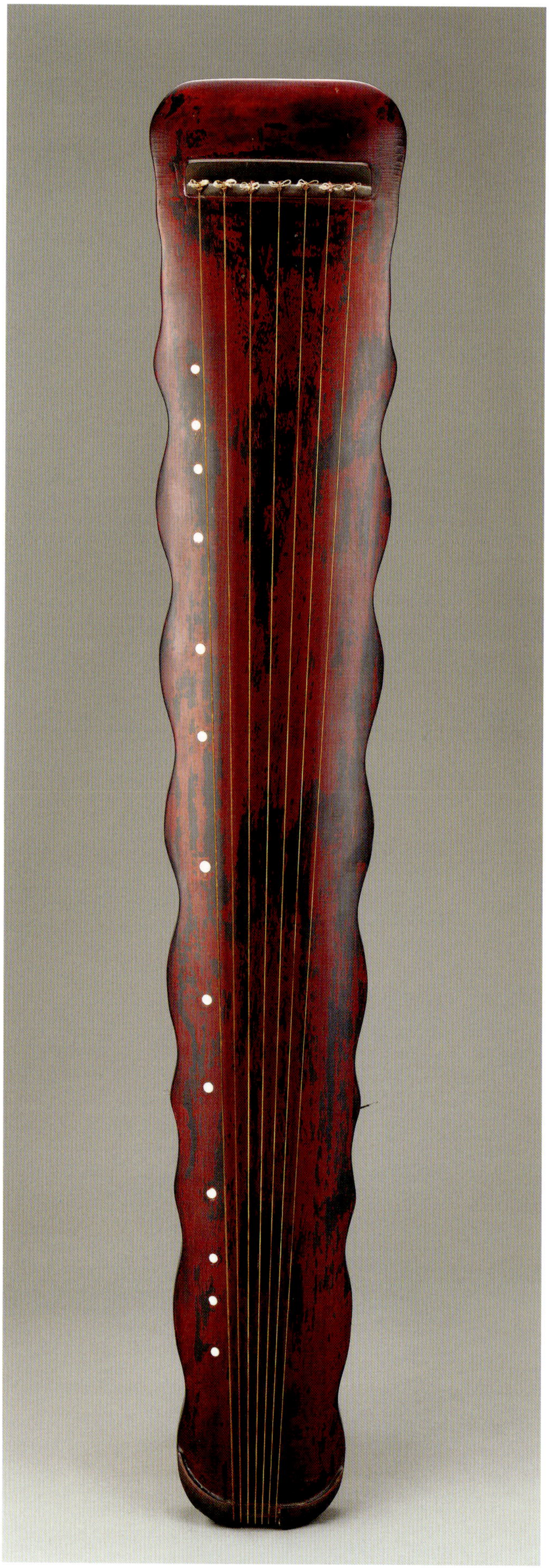

元·格象琴　落霞式　123cm×20cm

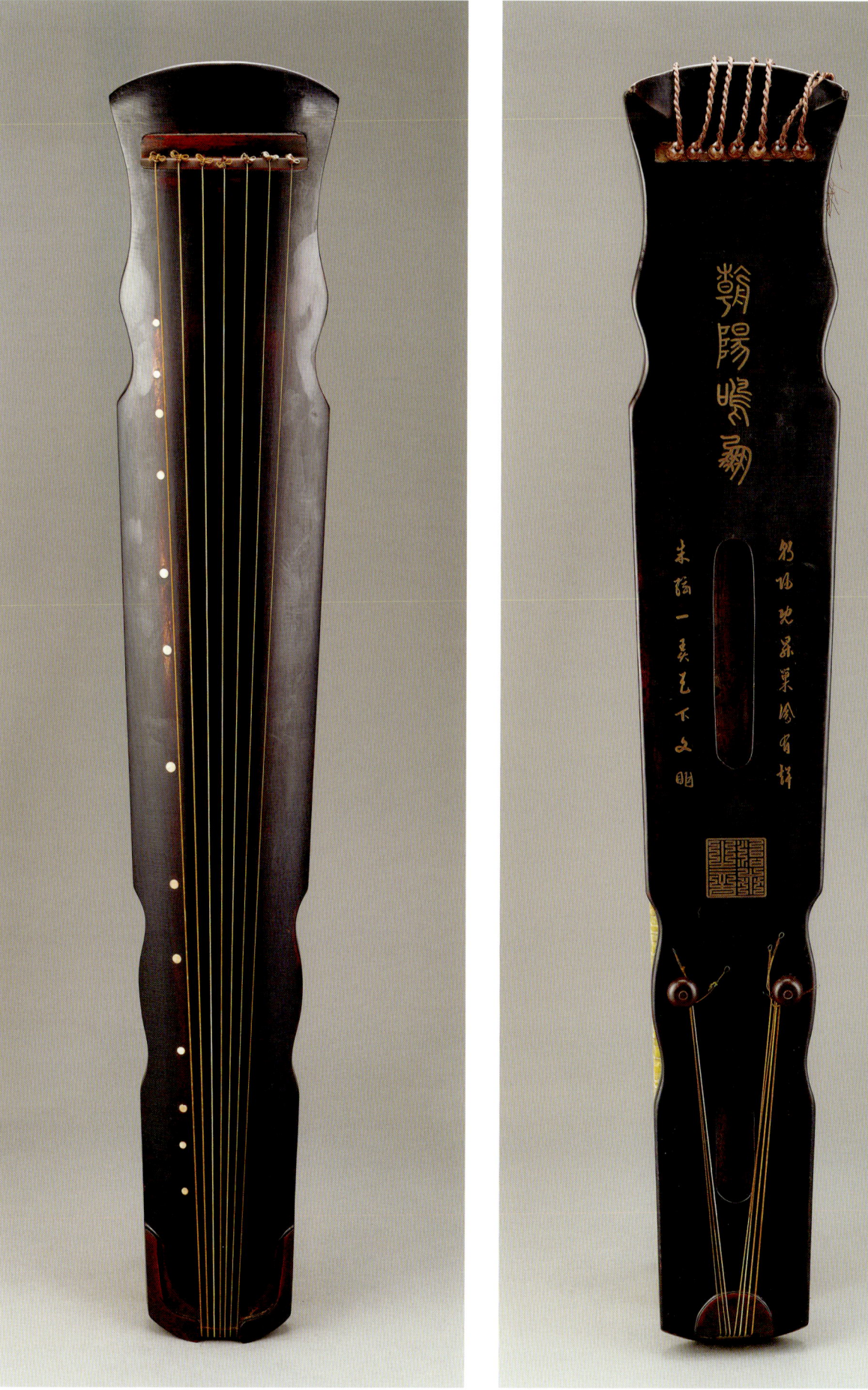

元·朝阳鸣鹤琴 伏羲式 123cm×20cm

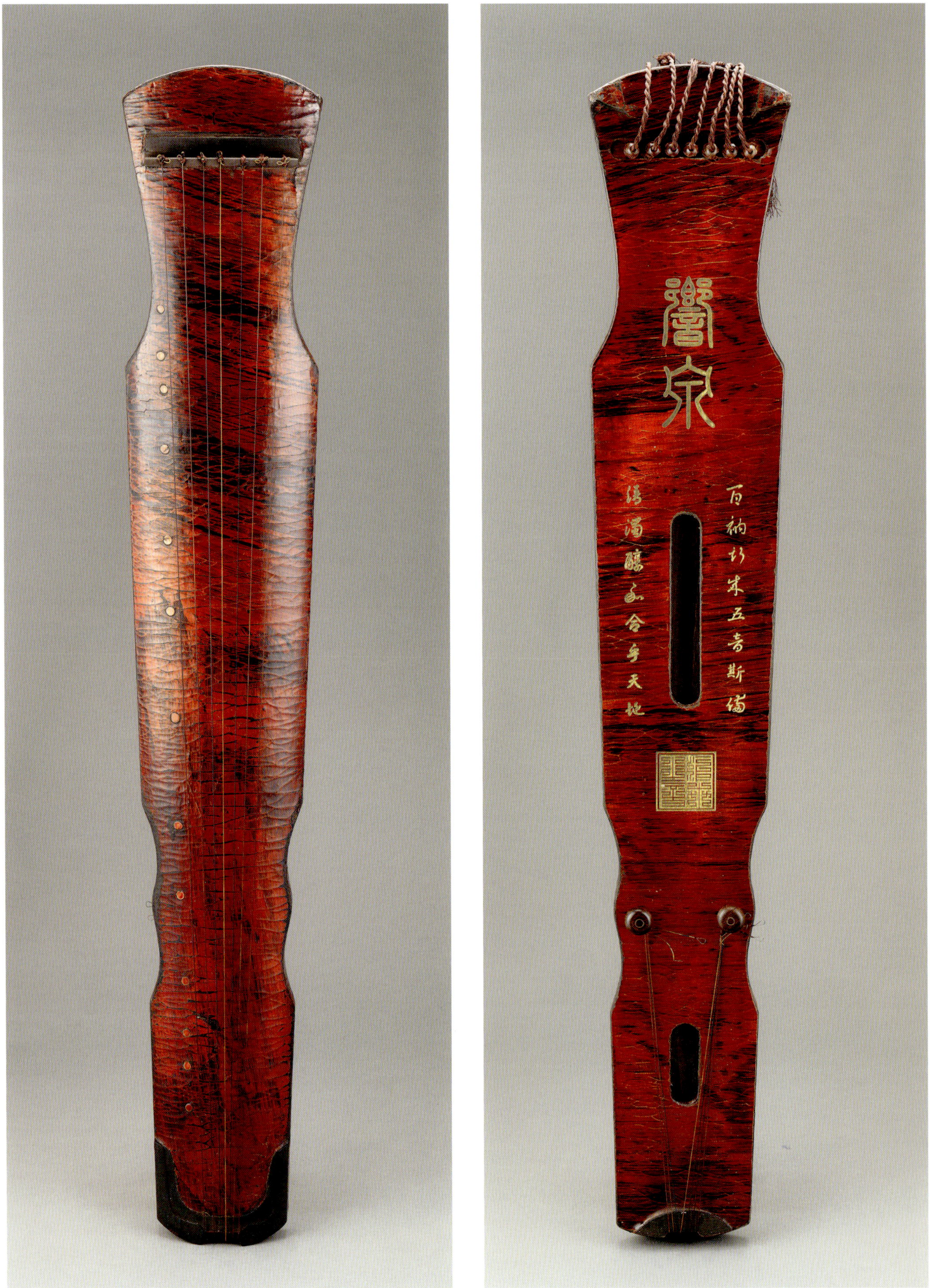

恒和堂藏品粹选

374

古琴

元·声泉琴　变体伏羲式　123cm×20cm

明·万壑松风琴 123cm×20cm

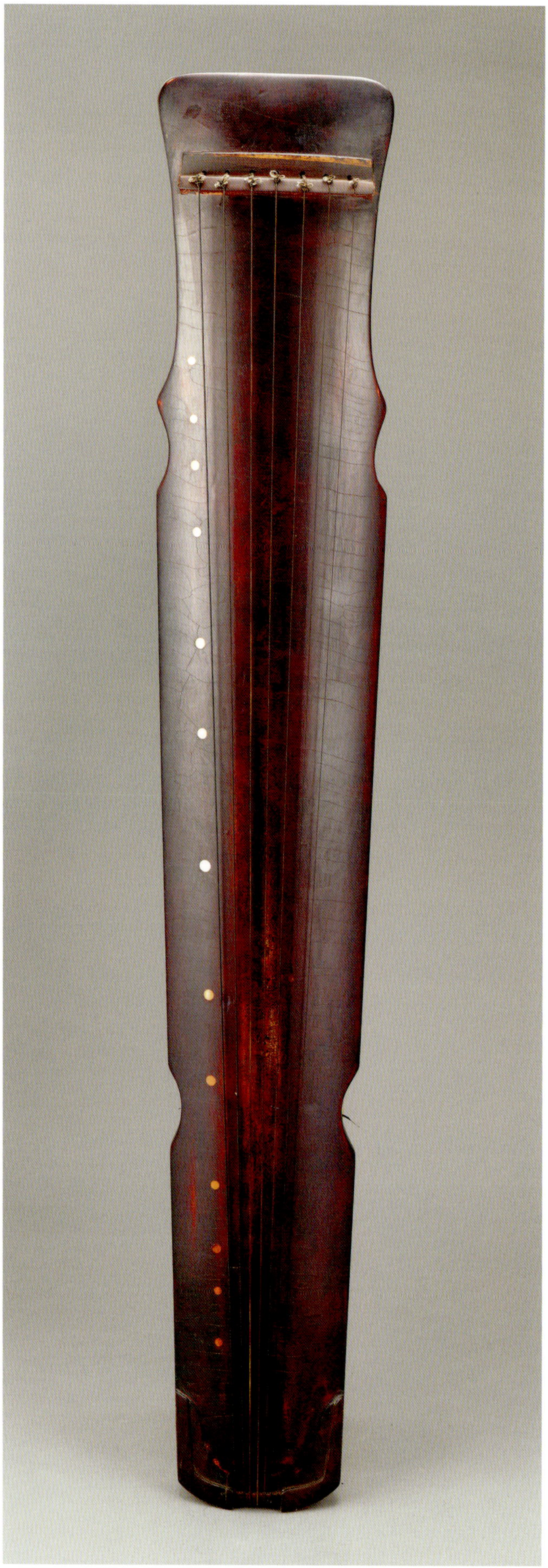

明·云鹤琴 变体龙腮式　123cm×20cm

明·春雷琴 龙腮式 123cm×20cm

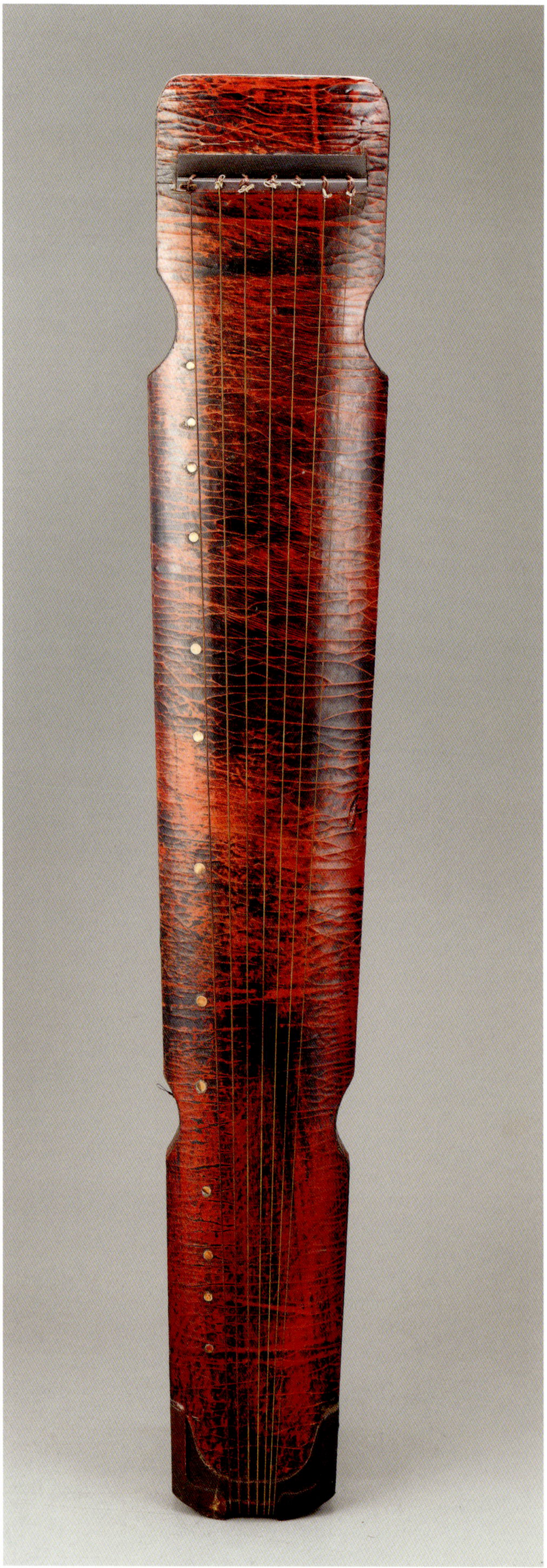

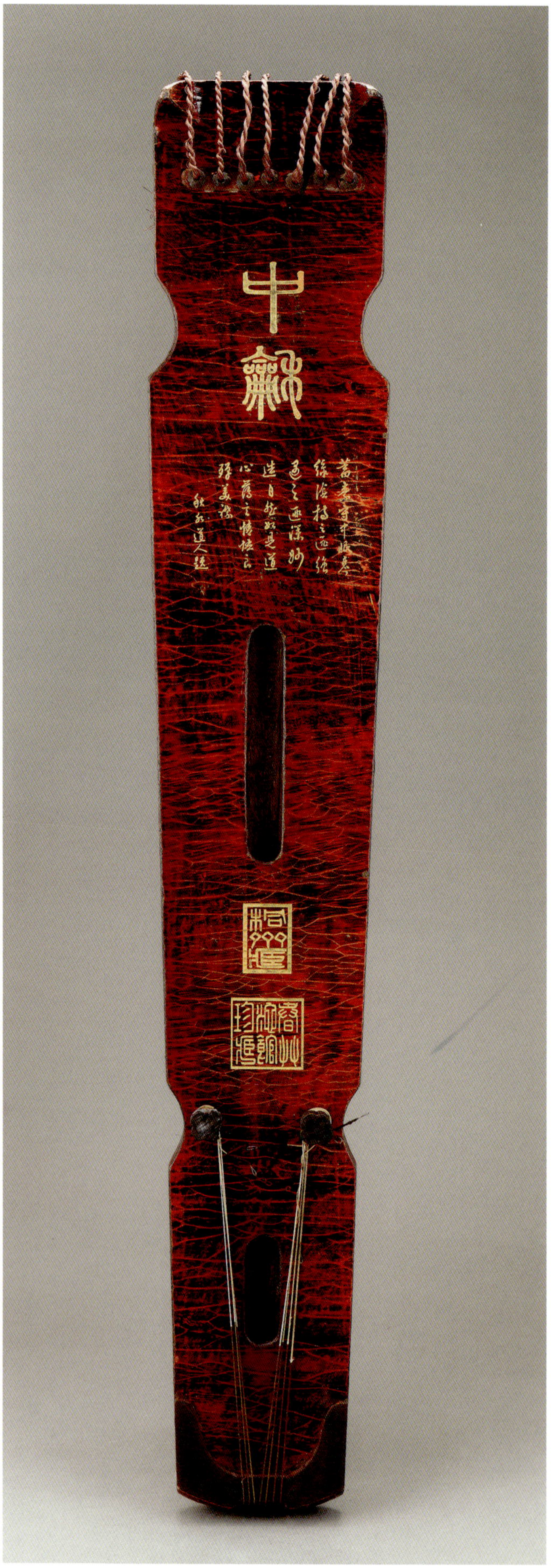

恒和堂藏品粹选

明·中剑琴 龙腮式 123cm×20cm

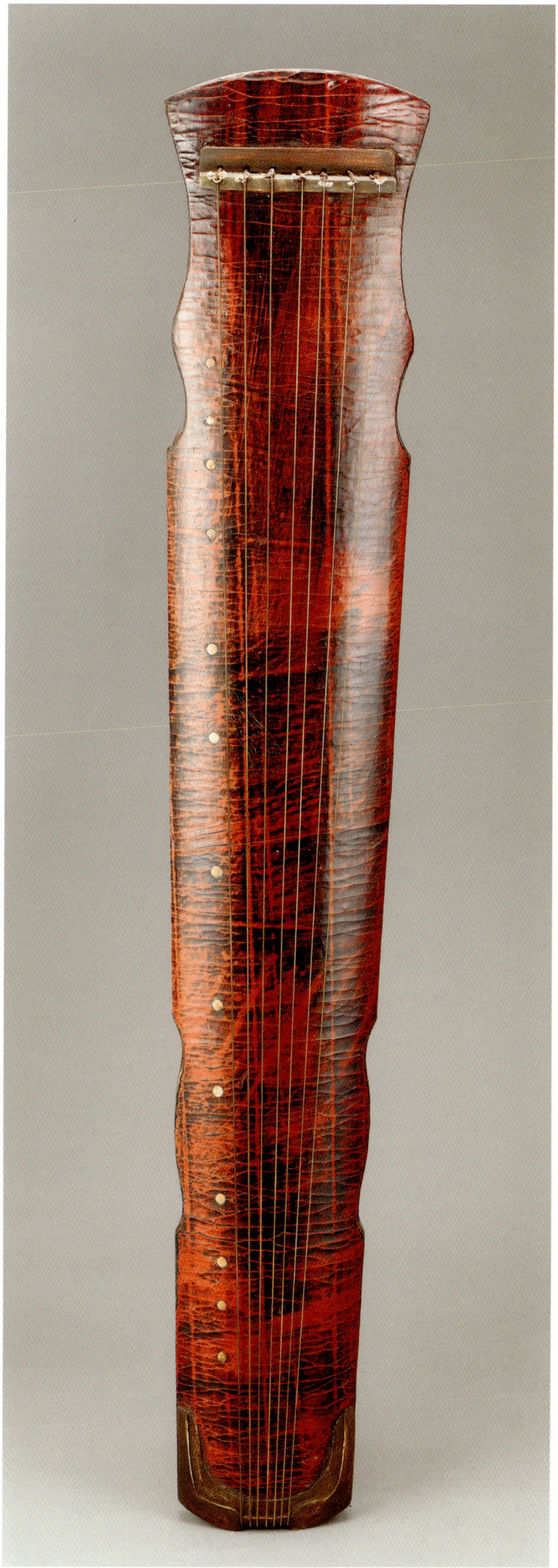

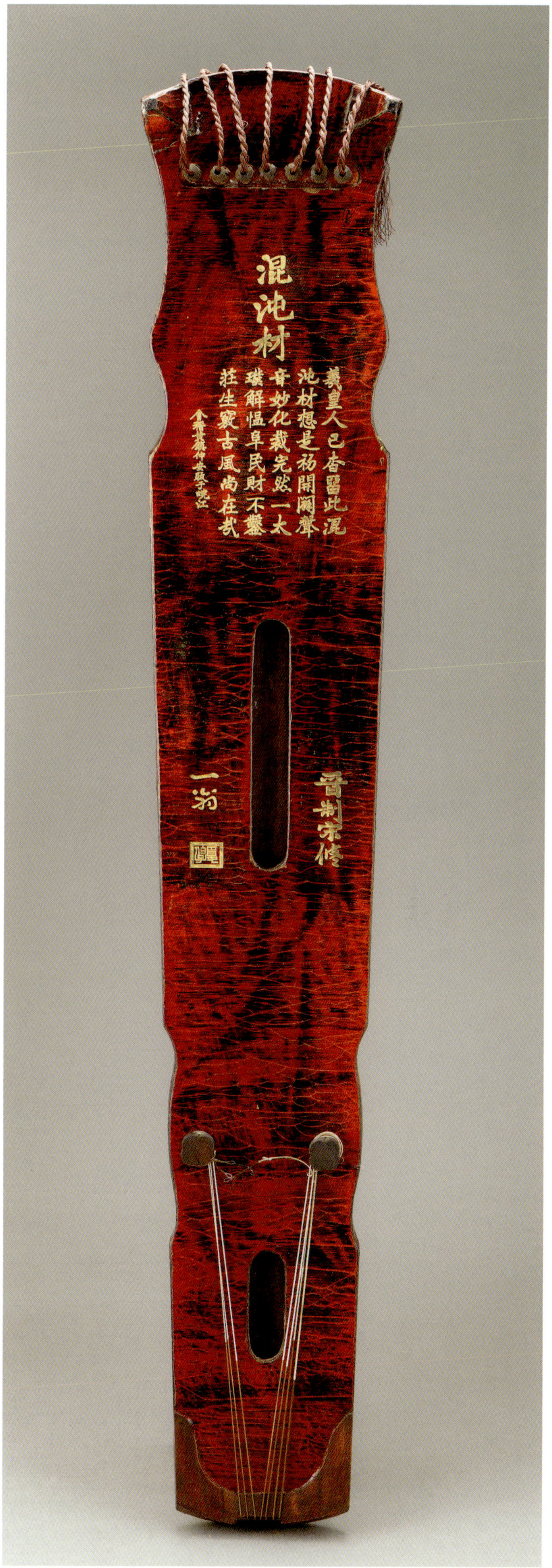

明·混沌材琴 伏羲式 123cm×20cm

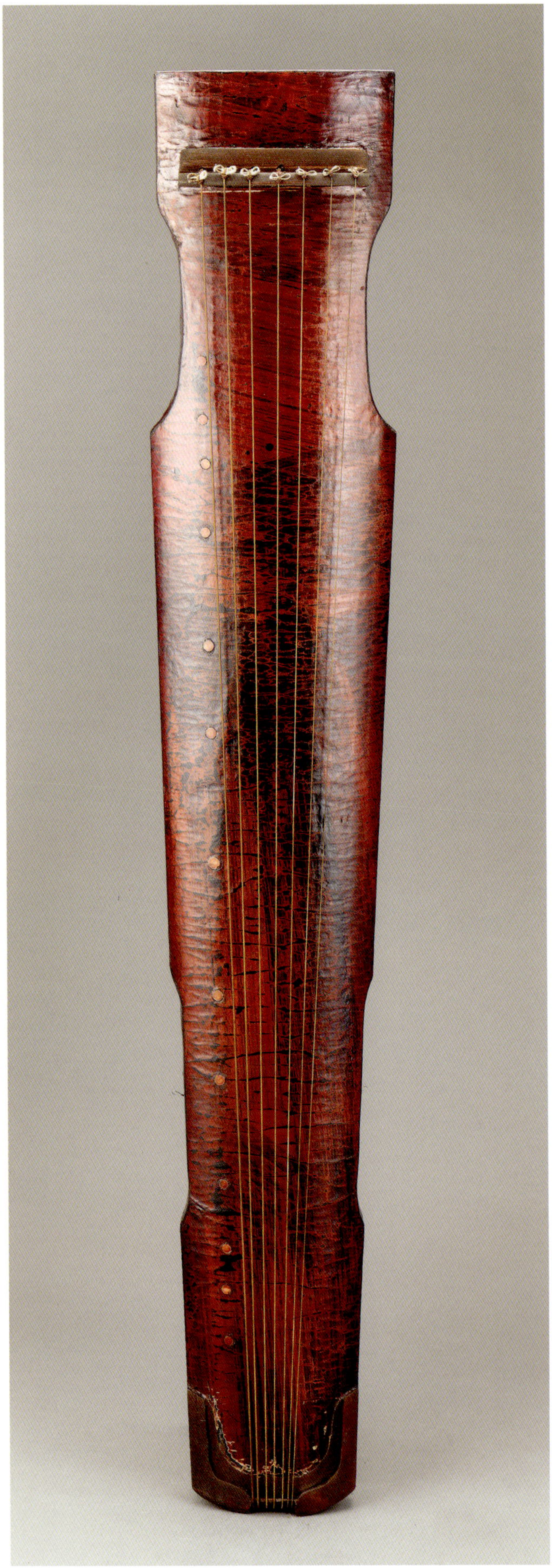

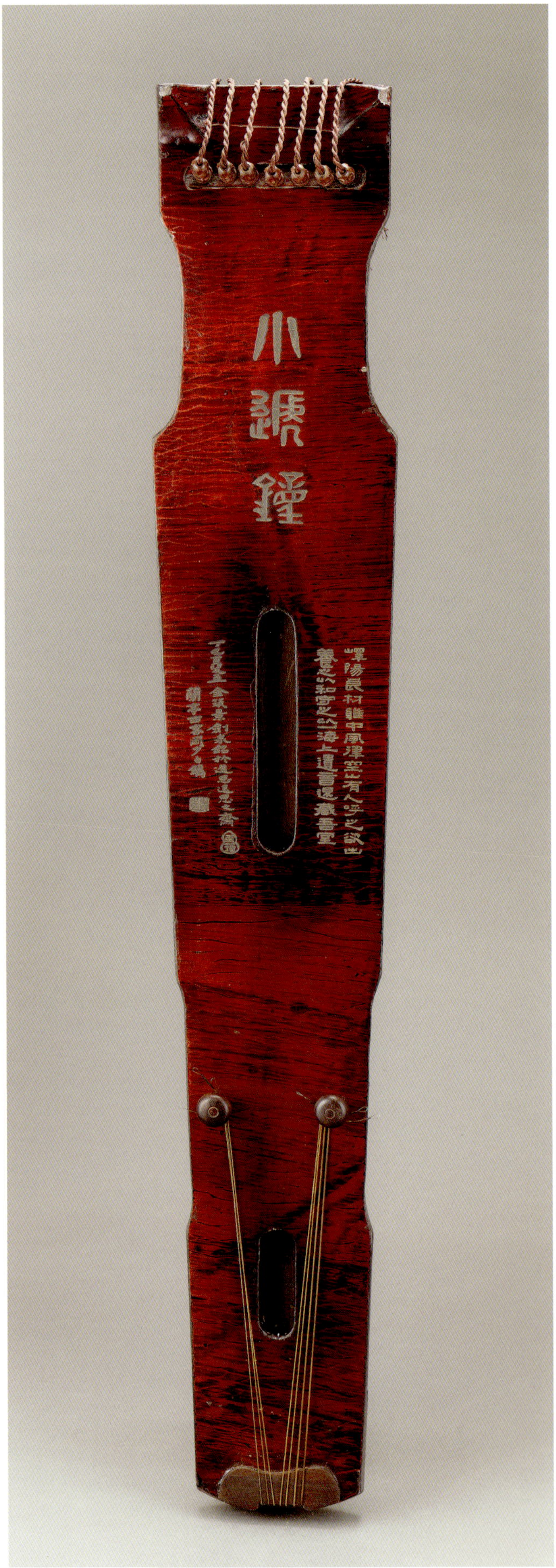

恒和堂藏品粹选

380

古 琴

明·小琥钟琴　仲尼式　123cm×20cm

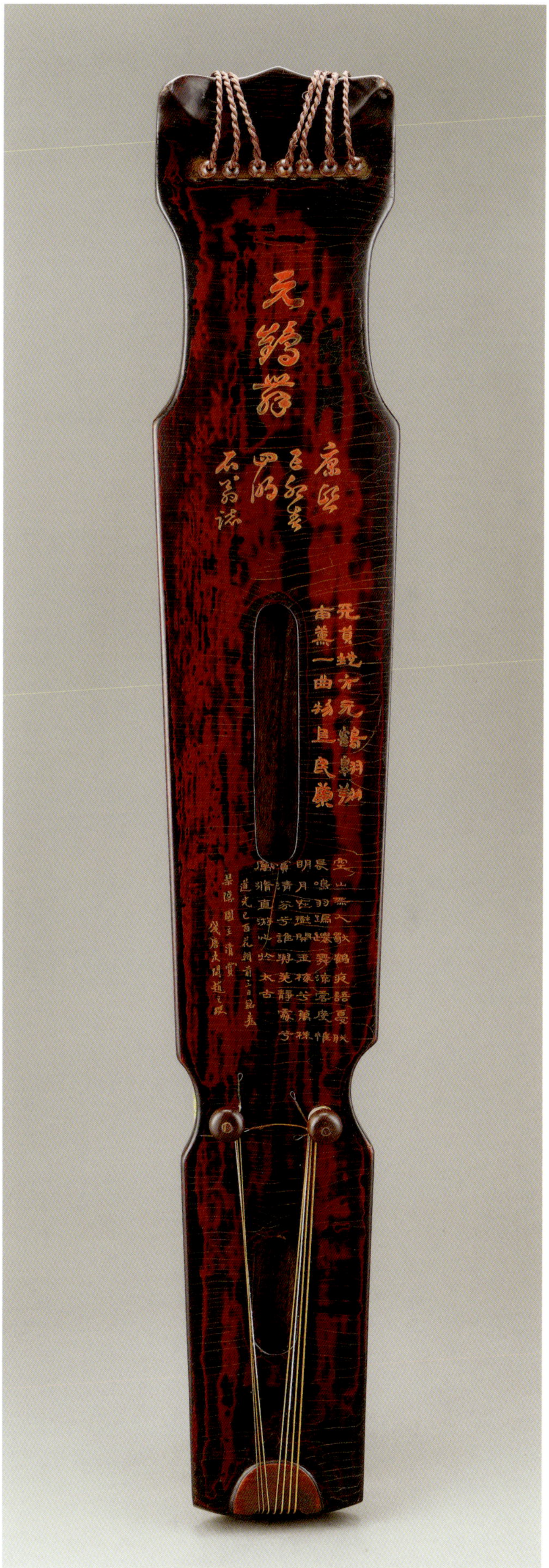

明·天鹤舞琴　龙腮式　123cm×20cm

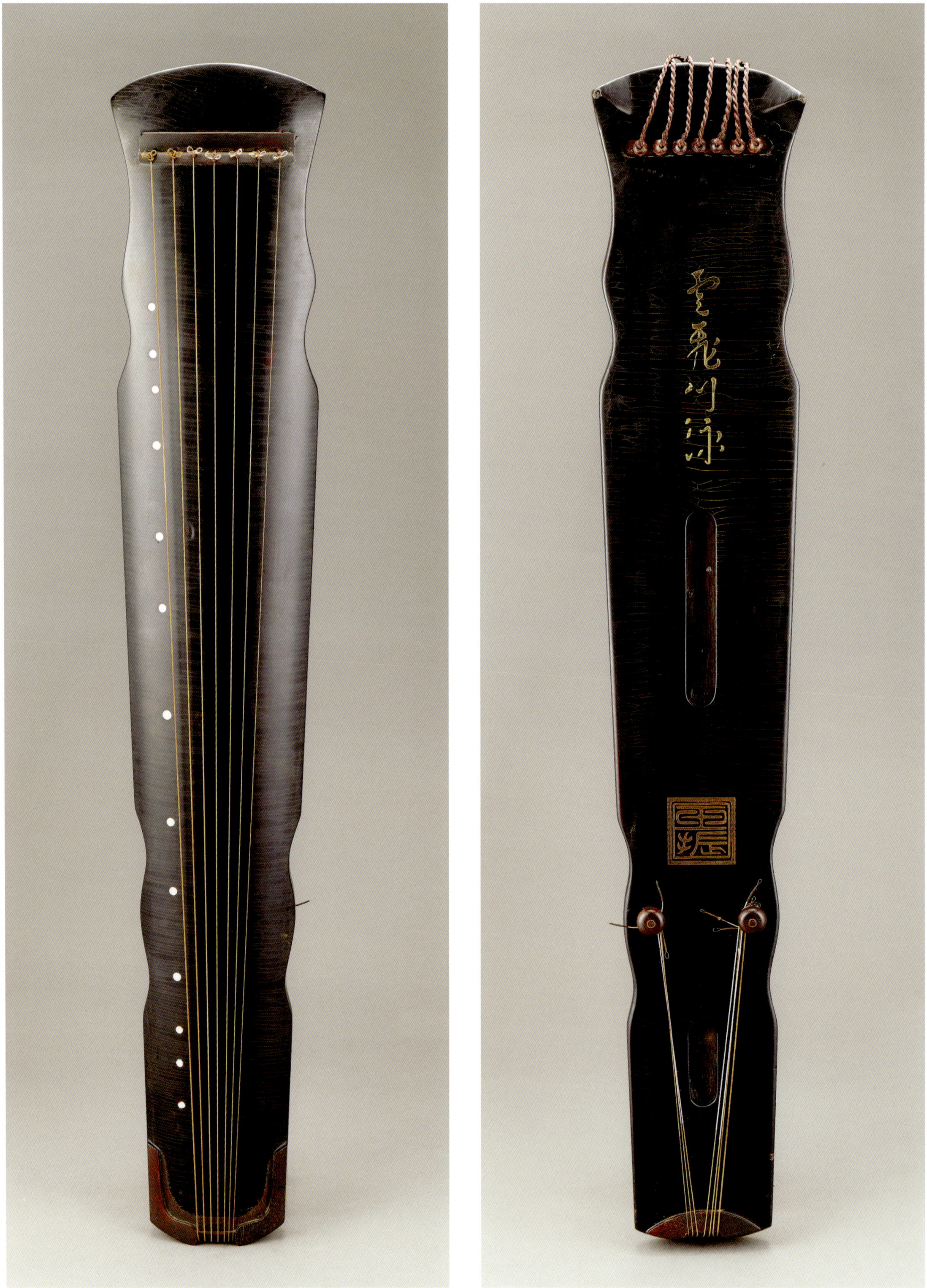

恒和堂藏品粹选

382

古 琴

明·云飞川泳琴　伏羲式　123cm×20cm

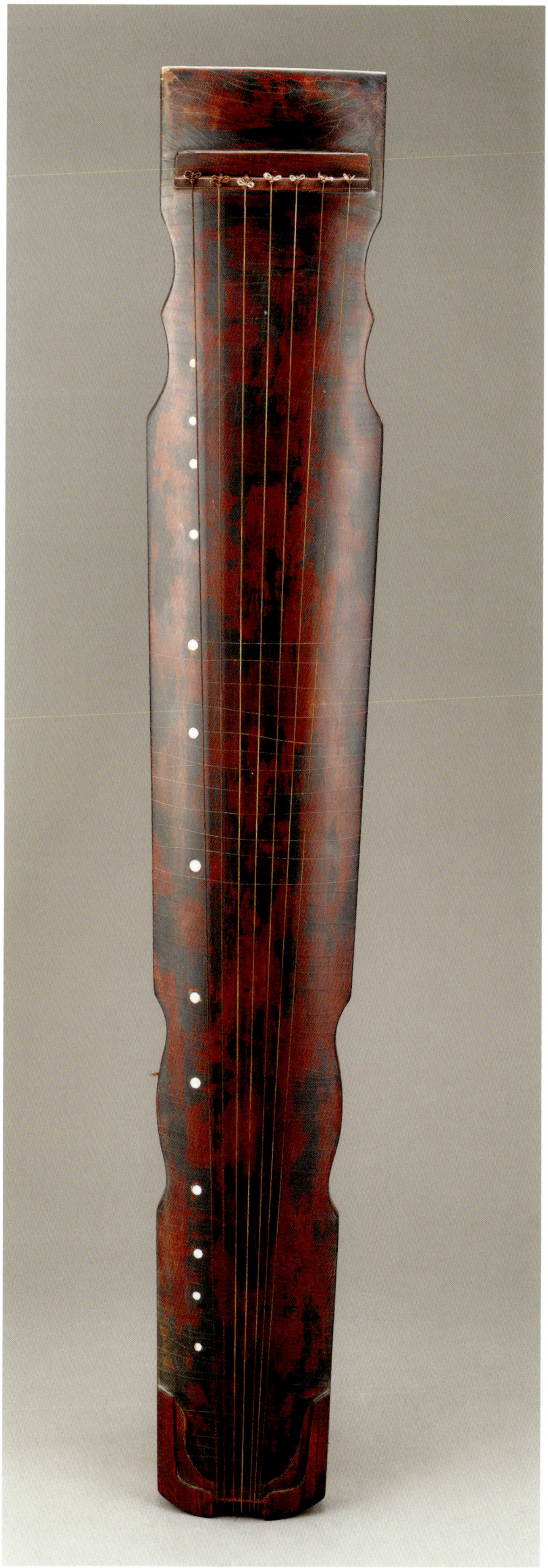

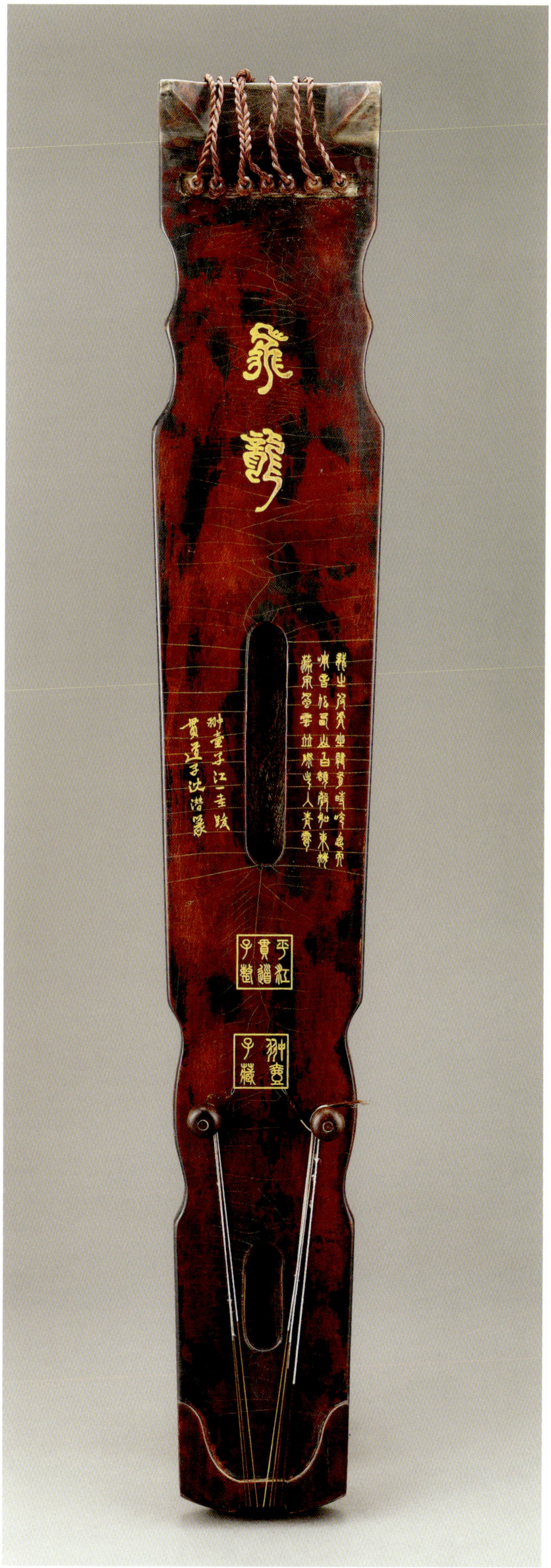

明·象龙琴 伏羲式 123cm×20cm

恒和堂藏品粹选

古琴

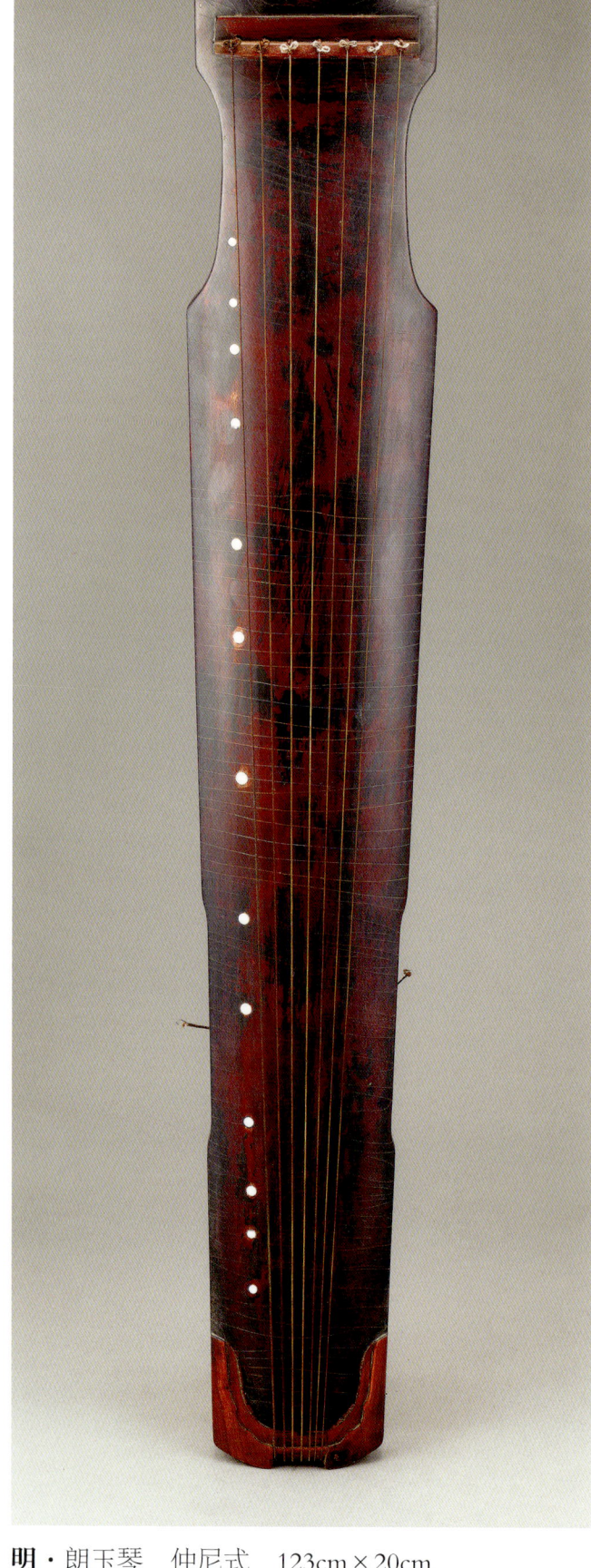

明·朗玉琴　仲尼式　123cm×20cm

明·欲雷琴 伏羲式 123cm×20cm

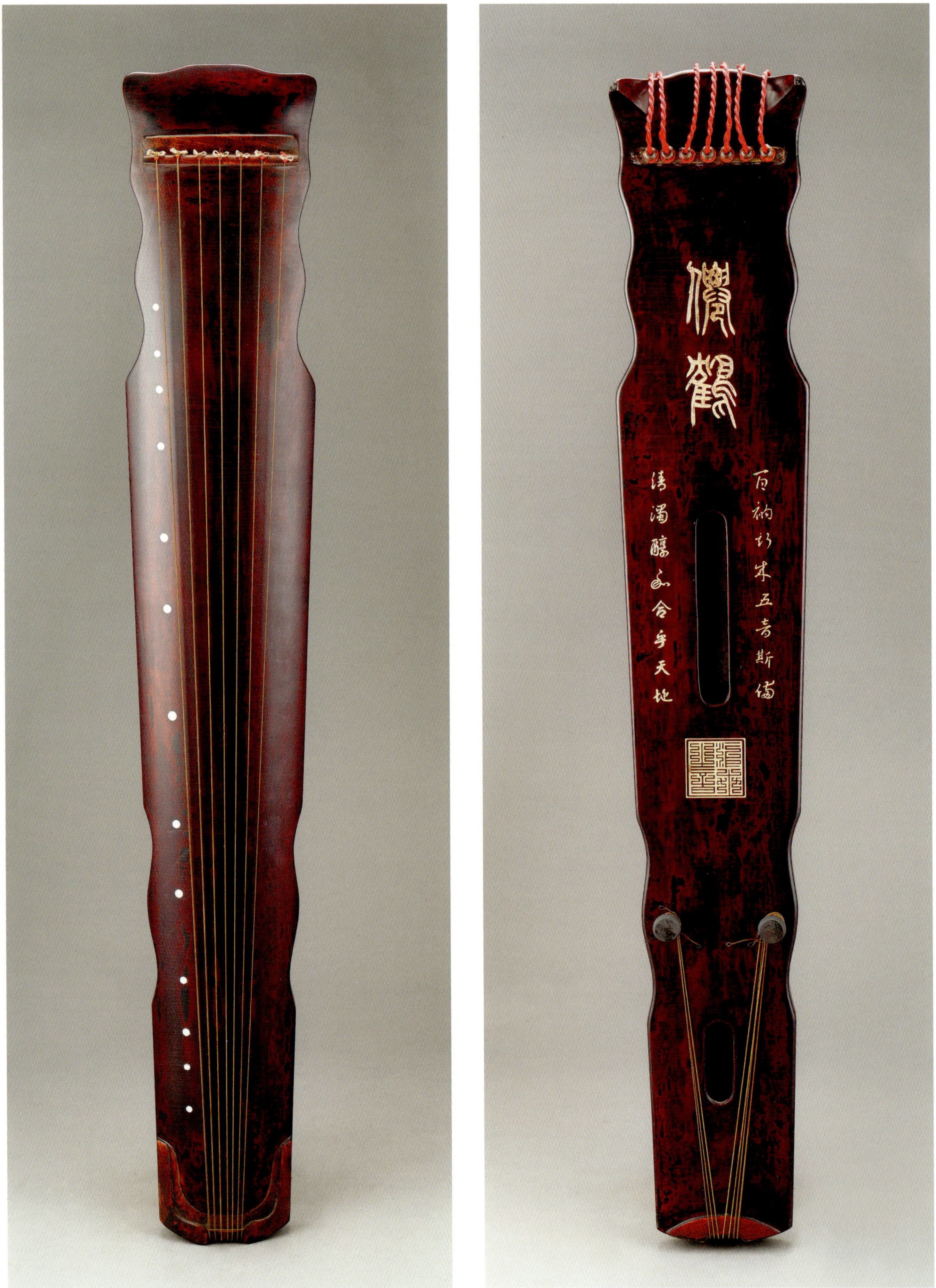

恒和堂藏品粹选

明·擒鹤琴　伏羲式　123cm×20cm

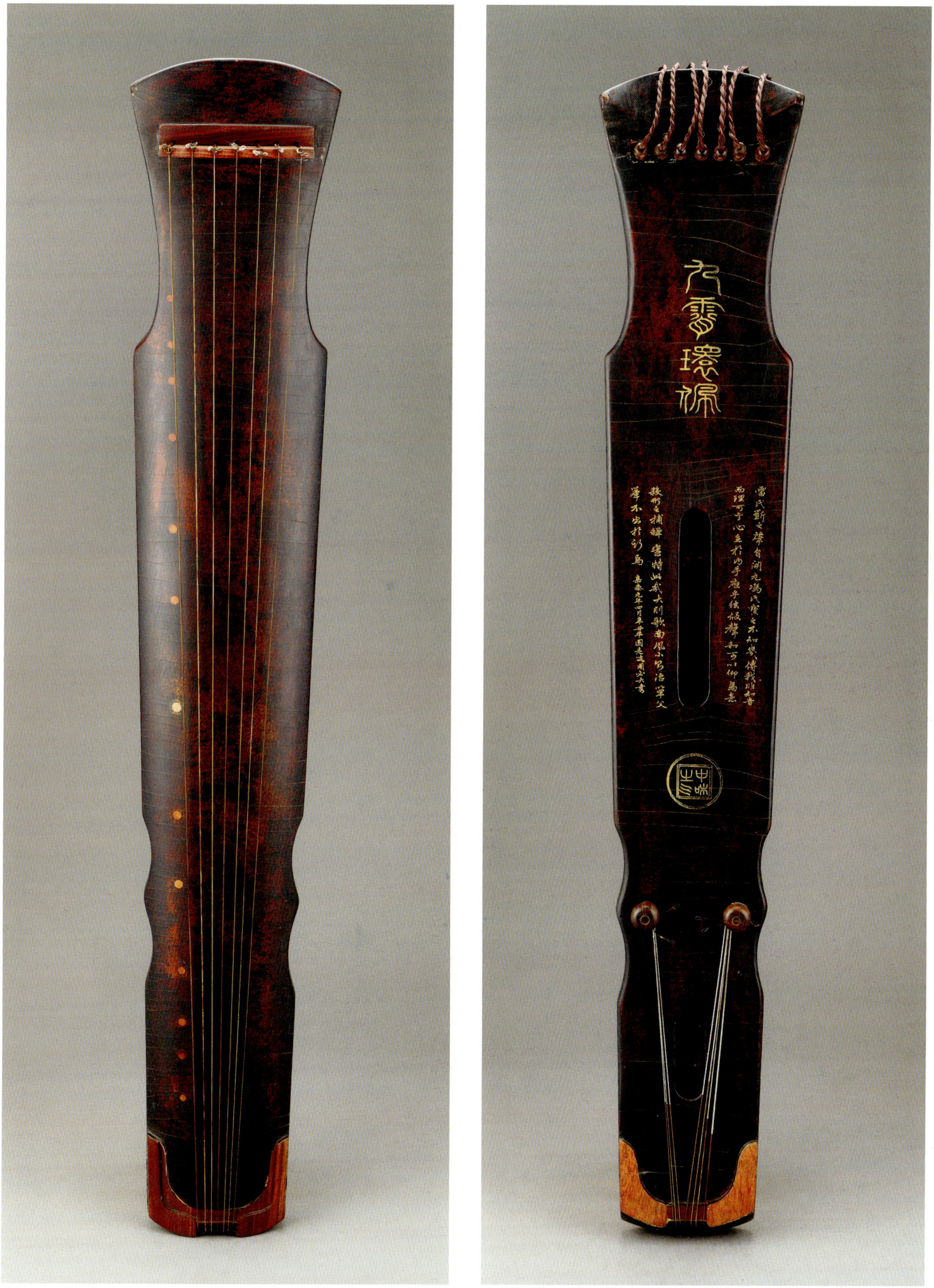

明·九霄环佩琴　伏羲式　123cm×20cm

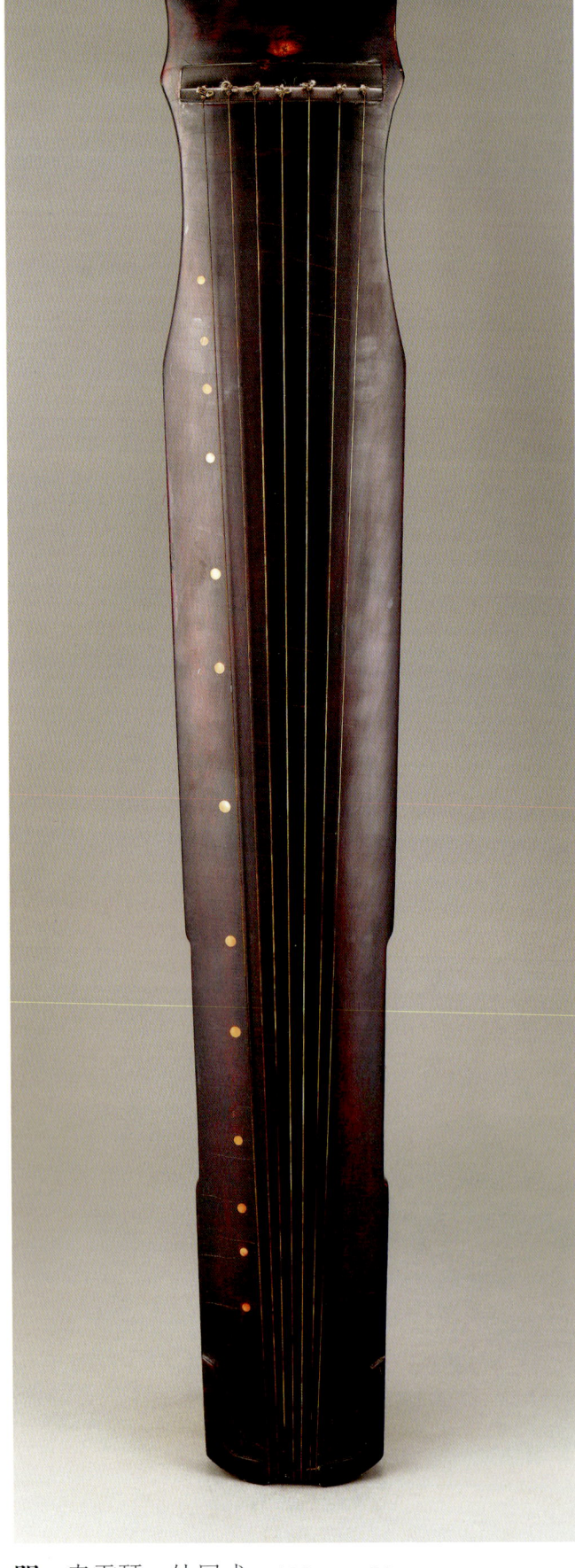

明·春雷琴　仲尼式　123cm×20cm

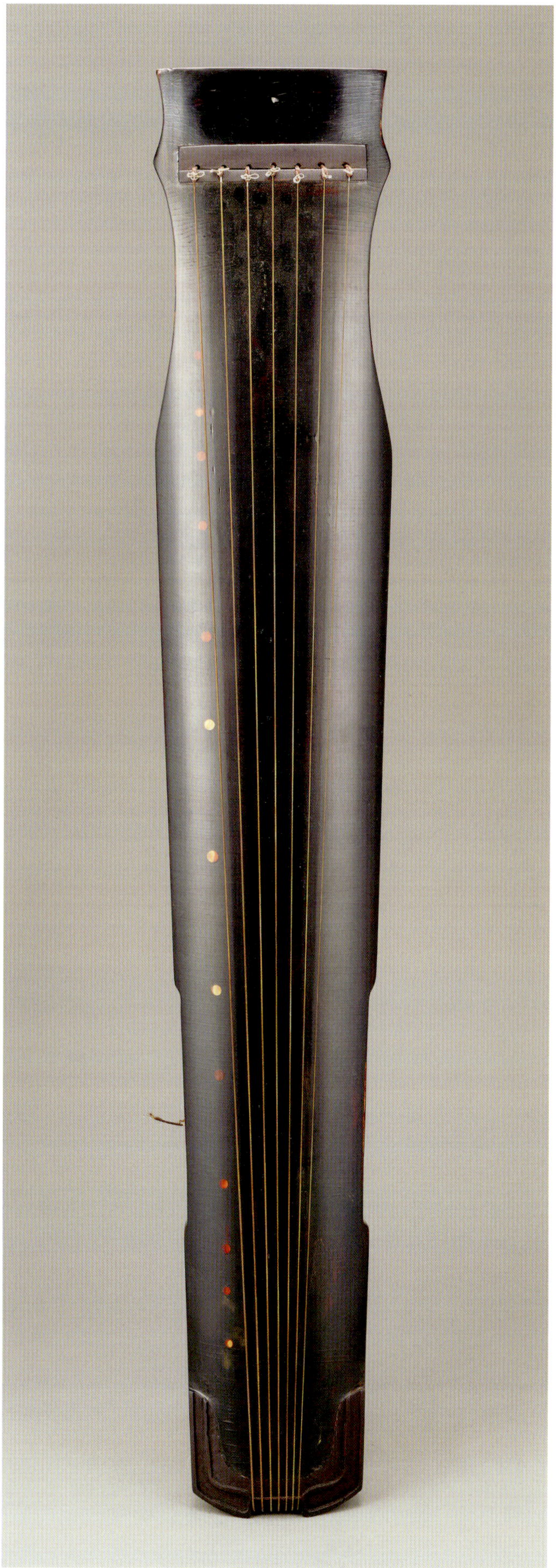

清·雨泉琴　123cm×20cm

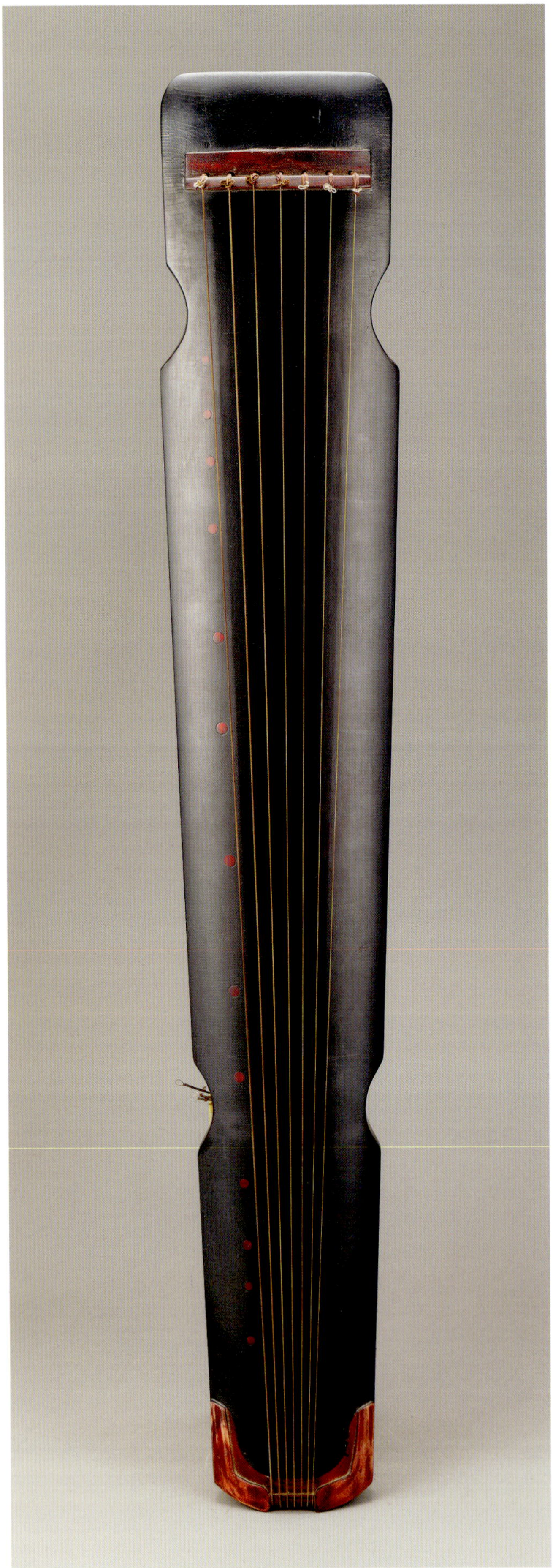

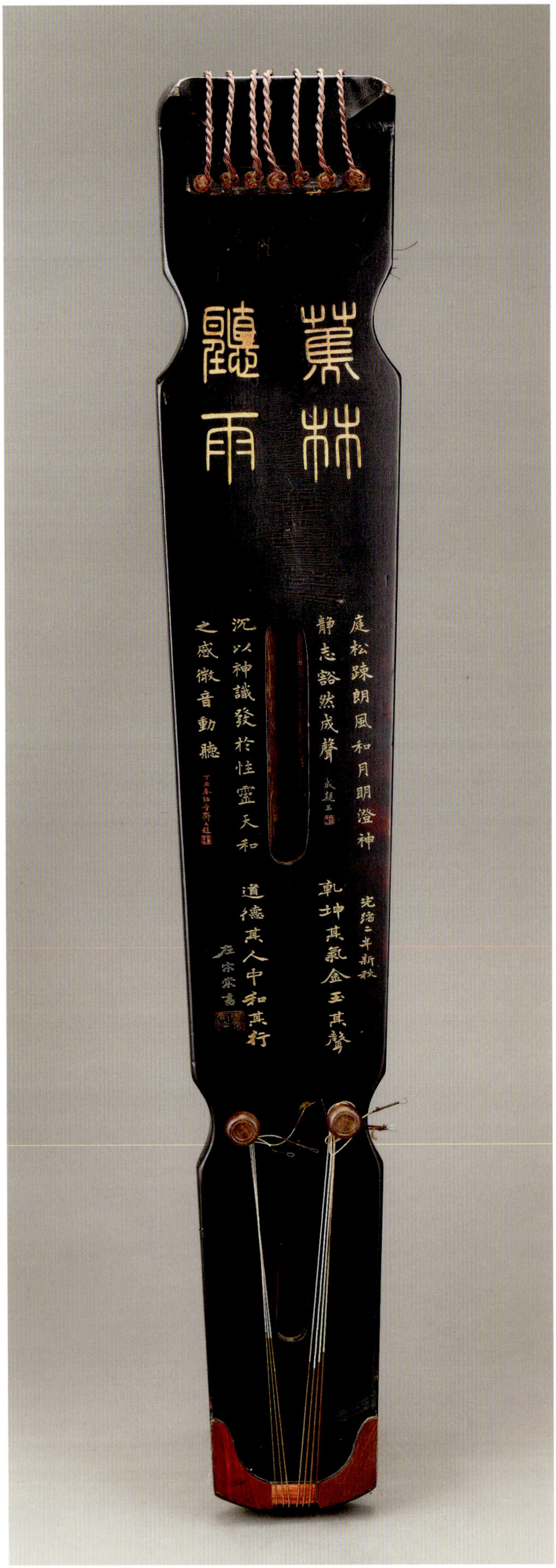

恒和堂藏品粹选

390

古琴

清 · 万林归雨琴　龙腮式　123cm×20cm

清·龙吟琴 连珠式 123cm×20cm

恒和堂藏品粹选

391

古琴

恒和堂藏品粹选

392

古琴

清·山水精会琴　伏羲式　123cm×20cm

清·云石琴　伏羲式　123cm×20cm

恒和堂藏品粹选

清·松雪琴　凤势式　123cm×20cm

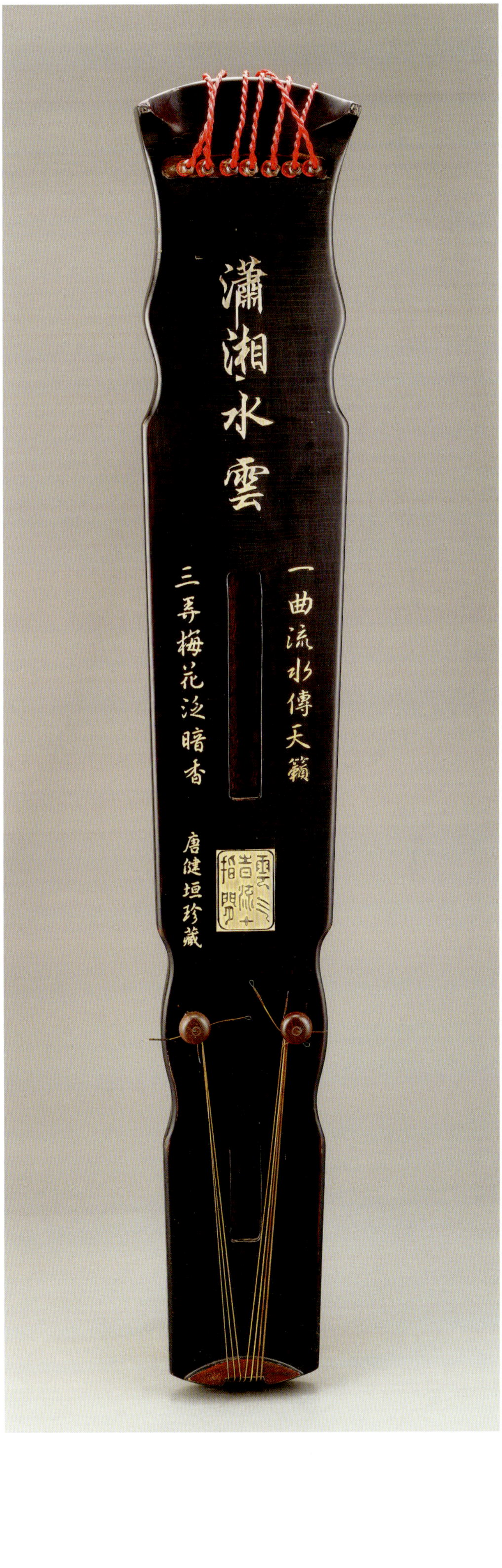

恒和堂藏品粹选

395

古琴

清·潇湘水云琴　伏羲式　123cm×20cm

第九部分·

壁 画

恒和堂藏品粹选

HENGHETANG
CANG PIN CUI XUAN

FRESCOES

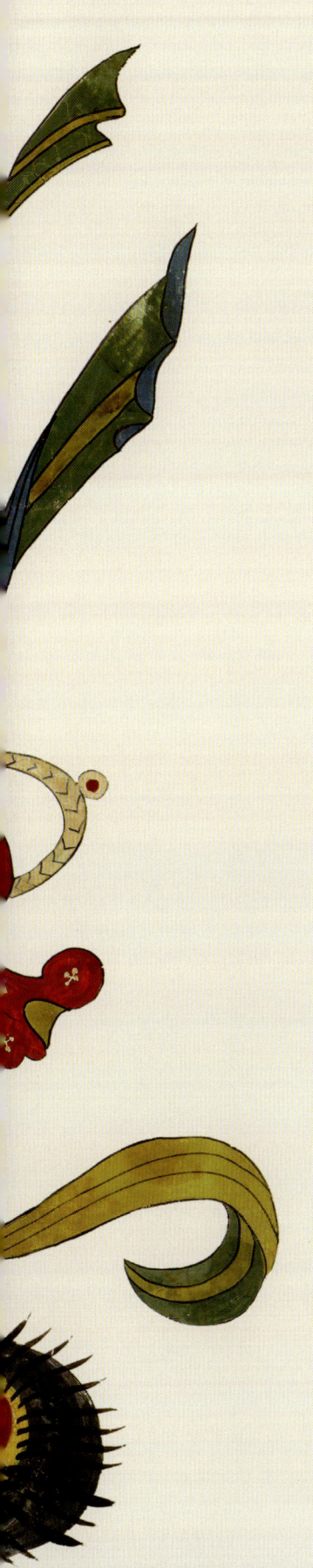

　　唐代壁画内容丰富，技巧高超，风格典雅。

　　恒和堂收藏的390余幅唐代寺观壁画中，多为神、仙一类的人物故事，本书拈取40余幅壁画。尺寸为90cm×70cm，这批壁画，无论是象征等级的仪杖、列戟、建筑，还是反映神仙生活的内容，无一不是栩栩如生、绚丽多姿，洋溢着对生命，对自然的肯定和热爱。均衣衫飘飘吴带当风，疑为唐代吴道子所绘，闪耀着大唐文明浓重的人文主义色彩，通过对人物的细腻观察，用合理的布局，简练的线条，鲜艳的色彩，栩栩如生地描绘出各种人物形象，堪称唐代寺观壁画中的珍品。

唐·壁画 114cm×70cm

唐·壁画　114cm×70cm

唐·壁画　114cm×70cm

唐·壁画　114cm×70cm

唐·壁画　114cm×70cm

唐·壁画　114cm×70cm

唐·壁画 114cm×70cm

唐·壁画　114cm×70cm

唐·壁画 114cm×70cm

唐・壁画　114cm×70cm

唐·壁画　114cm×70cm

唐·壁画　114cm×70cm

唐·壁画　114cm×70cm

唐·壁画　114cm×70cm

唐·壁画 114cm×70cm

唐·壁画　114cm×70cm

唐·壁画 114cm×70cm

唐·壁画　114cm×70cm

唐·壁画　114cm×70cm

唐·壁画 114cm×70cm

唐·壁画 114cm×70cm

唐·壁画　114cm×70cm

唐·壁画　114cm×70cm

唐·壁画　114cm×70cm

唐·壁画　114cm×70cm

唐·壁画　114cm×70cm

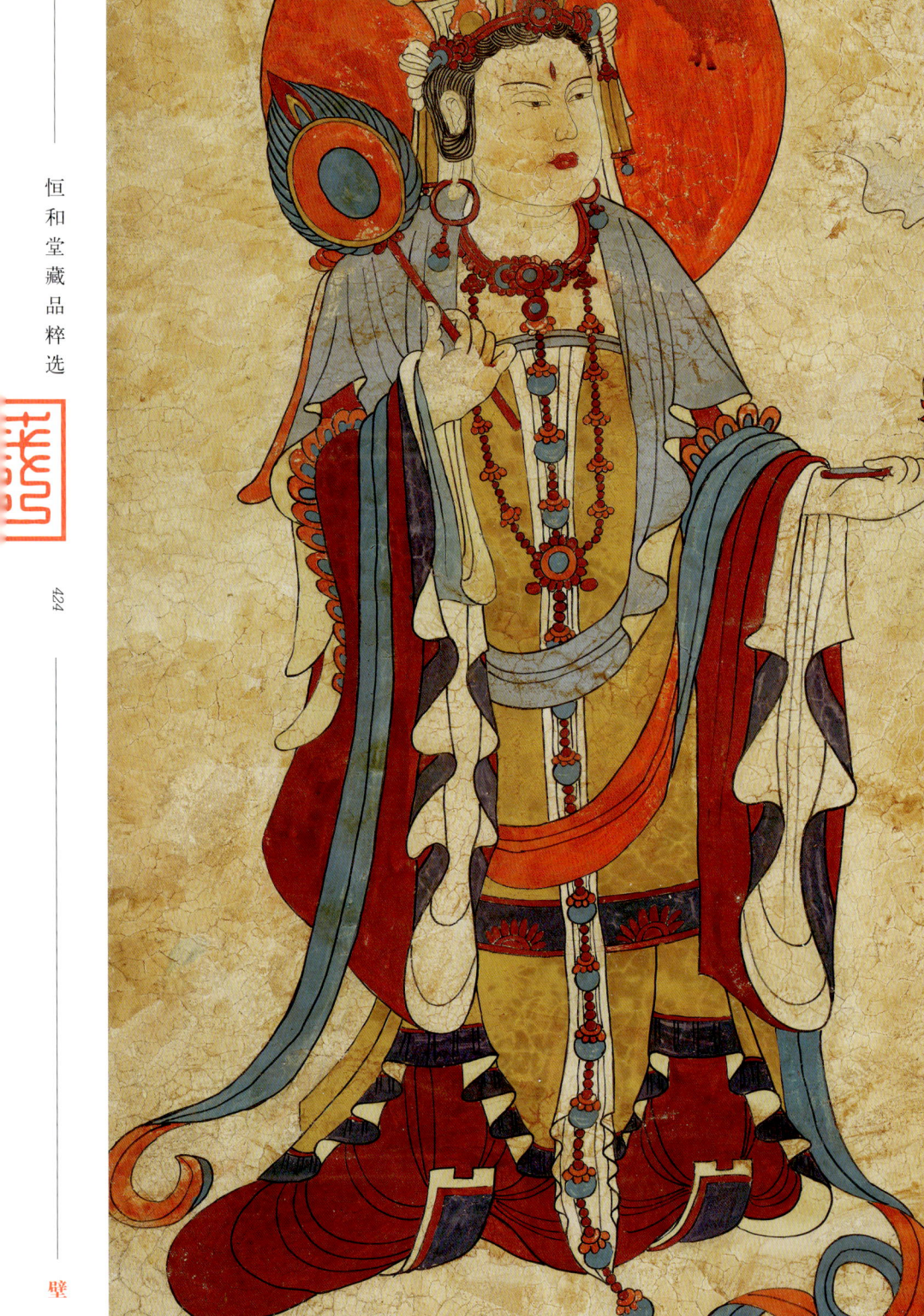

唐·壁画　114cm×70cm

唐·壁画　114cm×70cm

唐·壁画　114cm×70cm

唐·壁画　114cm×70cm

唐·壁画　114cm×70cm

唐·壁画　114cm×70cm

唐·壁画　114cm×70cm

唐·壁画　114cm×70cm

唐·壁画　114cm×70cm

唐·壁画　114cm×70cm

恒和堂藏品粹选 434 壁画

唐·壁画 114cm×70cm

唐·壁画　114cm×70cm

唐 · 壁画　114cm×70cm

唐·壁画　114cm×70cm

唐 · 壁画　114cm×70cm

唐·壁画 114cm×70cm

唐·壁画　114cm×70cm

唐·壁画　114cm×70cm

唐·壁画 114cm×70cm

唐·壁画　114cm×70cm

后记

《恒和堂藏品粹选》付梓之际,以古玩作媒,同广大的藏家、同道、好友一起分享本人三十余年收藏的些许积累,十分惬意。

浩瀚中华五千年的历史,民族的文化、文明很难用只言片语表达清楚。"器以载道",何为"道"?体悟器后的大"道",乃是与先贤的注目和对话,是一种精神文化的认同与传承。每每凝望这些印记着历史痕迹的精美、古朴的器物,都会遐思无限,内心升腾起对民族古老文化和先贤精英的一种挚爱和仰慕。

历经千年岁月荏苒而匠心永在,领悟大师匠心独运永续民族文脉,我总是被感动着、浸润着、思索着。弘扬民族文化,永续艺术之魂,这是本书付梓的初衷。

深深的感谢为本书出版而辛勤工作的所有文化工作者们!

丁酉年崔建国于恒和堂

恒和堂堂主简介

崔建国，男，汉族，房地产博士，研究员职称。下过乡，当过兵，做过记者、公务员，2003年下海，任河南省恒和实业有限公司董事长、河南省收藏家协会常务副会长。

从事收藏30余年，计有古瓷、青铜器、古玉、古钱币、古刀剑、佛造像、壁画、古琴、紫砂、杂项十个类别。总量逾七万件，九八年以来，笔耕不辍先后在《收藏》、《收藏家》、《文物》、《中外收藏》、《中国文物报》等十余种报刊杂志上发表过论文120余篇，出版古玩丛书六种20余本。

图书在版编目（CIP）数据

恒和堂藏品粹选 / 崔建国主编. —— 郑州：中州古籍出版社，2017.3
 ISBN 978-7-5348-6971-6

Ⅰ. ①恒… Ⅱ. ①崔… Ⅲ. ①文化用品－收藏－中国－图录 Ⅳ. ①G262.8-64

中国版本图书馆CIP数据核字(2017)第063481号

HENG HE TANG CANG PIN CUI XUAN
恒和堂藏品粹选

责任编辑：宗增芳
责任校对：王秋林
装帧设计：吴　超
出 版 社：中州古籍出版社
　　　　　（地址：郑州市经五路66号　邮政编码：450002）
发行单位：新华书店
制　　作：河南兰亭设绘包装有限公司
承印单位：河南匠心印刷有限公司
开　　本：889mm×1194mm　1/16
印　　张：28.25
字　　数：40千字
印　　数：1-3000册
版　　次：2017年3月第1版
印　　次：2017年4月第1次印刷
定　　价：268.00元

本书如有印装质量问题，由承印厂负责调换。